W0383582

Inhaltsverzeichnis

Autor: Andre Klein
© 2019

Einführung in die Psychologie

Die Psychologie ist ein Thema mit weiten und noch teils unerforschten Horizonten. Der Begriff „Psychologie“ stammt aus dem altgriechischem und bedeutet -wenn man es wörtlich übersetzt - so viel wie Seelenkunde, beziehungsweise Seelenlehre. Im Vordergrund dieser sogenannten Seelenkunde, sind dabei vor allem die menschlichen Sinne, also das Sehen, Hören, Riechen, Fühlen und Schmecken. Diese Sinne sind nämlich oftmals ein Werkzeug um psychische Störungen zu heilen. Das liegt daran, dass der Mensch mit seinen Sinnen die Umwelt bewusst wahrnehmen kann und so reflektiert und mit viel Ruhe sich mit seiner Umgebung vertraut machen kann. Das psychische Wohlbefinden eines Individuums ist von jedem einzelnen Einfluss abhängig. Beginnend im Mutterbauch, weiterführend mit der Erziehung, mit dem Umfeld, den Hobbys, eigenen und erlernten Ansichten, Gefühlen und gelernten Werten.

Die Einflüsse bestimmen dabei anschließend über den Entwicklungsverlaufes eines Individuums. Und auch wenn die äußeren Einflüsse zunächst suboptimal erscheinen, bedeutet das nicht, dass man nicht glücklich sein kann.

Das Wichtigste ist nämlich das positive Denken; denn mit der Umstrukturierung der Glaubenssätze und mit den richtigen Verhaltensweisen und Tricks können Sie aus jeder Situation das Beste schöpfen.

Die Geschichte der Psychologie

Die Geschichte der Psychologie verschafft einem ein essenzielles Hintergrundwissen um die Psychologie zu erklären, denn viele unserer heutigen Therapien, basieren auf damaligen Denkansätzen.

Zunächst einmal ist die Psychologie auf das 19. Jahrhundert zurückzuführen. Zu diesem Zeitpunkt passierte bekanntermaßen, von Seiten das Zusammenschließen von Forschergruppen, die offizielle Etablierung der Psychologie als ein einzelnes und wissenschaftlich angesehenes Forschungsgebiet.

Doch wahrhaftig gab es dieses Forschungsgebiet bereits vor Christus.

Ein griechischer Gelehrter Namens Aristoteles, welcher von „Beruf“ Philosoph und Naturforscher war, schrieb zu seiner Zeit bereits ein Buch mit dem Namen „De anima“ – „Über die Seele“ – in welchem er über die Seele der Leute kommuniziert, diskutiert und Mutmaßungen vorantreibt.

Dieses Buch und die damaligen Diskussionen, galten zu guter Letzt als Basis für den Wissenschaftler und Pädagogen Siegmund Freud und seinen Modellen über die Psyche.

Dabei führten ausgewählte Prägungen, wie beispielsweise der Materialismus, zu unseren heutigen Erkenntnissen. Im 19. Jahrhundert bspw. wurde die Wichtigkeit von den Sinnesorganen eines Individuums bereits festgestellt und vonseiten unserer heutigen Informationen, erweitert und erneuert.

Doch die Psychologen, welche aus Philosophen, Medizinern und Naturforschern bestanden, waren sich natürlich nicht unterbrechungsfrei einig, weshalb zu den Anfängen des 20. Jahrhunderts viele Richtungen in der Psychologie entstanden.

Selbsttest: Wie ist meine psychische Verfassung?

Im Folgenden ist ein Selbsttest vorzufinden, welcher die psychische Verfassung eines Individuums beschreiben soll.

Er dient als Hilfe sich überdies besser kennenzulernen und in erster Linie als Hilfe sich mit dem Thema besser auseinanderzusetzen.

Es werden fünfzehn Stellungnahmen aufgelistet, welche auf verschiedenen persönlichen Empfindungen und Verhaltensweisen basieren.

Der Test funktioniert auf diese Weise, dass man sich innerhalb jedweder Aussage Punkte von 1 – 10 geben kann.

Die Zahl eins bedeutet innerhalb alldem: „Stimmt nicht" und die Nummer zehn bedeutet: „Stimmt exakt.". Die Zahlen von 2 – 9 geben in diesem Fall Tendenzen an.

1. Ich neige dafür ängstlich und nervös zu sein.

2. Ich mache mir über viele verschiedenartige Dinge viele Sorgen.

3. Ich denke wenige Dinge kontrollieren zu können und das plagt mich.

4. Ich habe schlechten und unruhigen Schlaf.

5. Ich lebe ausgeprägt in der Vergangenheit.

6. Mein Essverhalten hat sich unfreiwillig verändert.

7. Ich bin etliche Male antriebslos und unmotiviert.

8. Ich bin oftmals lieber allein.

9. Ich bin schnell gereizt und leide an Stimmungsschwankungen.

10. Ich fühle mich vom Alltag viele Male ausgelaugt.

11. Ich vernachlässige meine Angehörigen und Hobbys.

12. Ich habe häufig negative Gedanken.

13. Meine Energie fehlt mir.

14. Meine Verwandten hatten mich auf mein Verhalten schon einmal drauf aufmerksam gemacht.

15. Ich lache nicht mehr enorm.

Die Auswertung solcher Stellungnahmen funktioniert dieser Tage ausgesprochen umstandslos. Zu jeglicher Aussage wird sich die analoge, personalisierte Punktzahl notiert.

Umso höher der Punktestand am Ende ist, desto genauer kann man hiervon ausgehen, dass die psychische Verfassung sicher nicht im optimalen Zustand ist und verbesserungswürdig ist.

Um diesen Zustand zu ändern und sein eigenes Wohlbefinden zu verbessern, existieren ausgewählte Übungen und Methoden, die dafür beisteuern glücklicher zu werden und positiver zu denken.

Wissenschaftliche Psychologie
vs.
Laienpsychologie

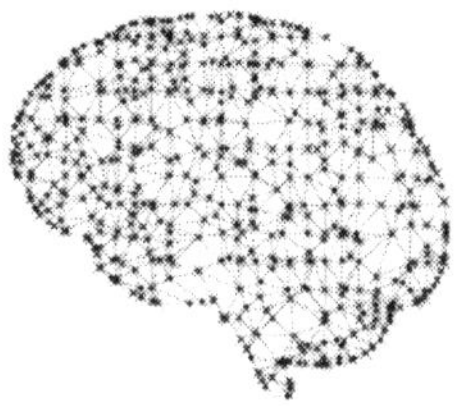

Zur Psychologie gehören im Oberbegriff zwei streng differenzierbare Begrifflichkeiten. Zunächst den Begriff der Wissenschaftlichen Psychologie, sowie den Begriff der Laienpsychologie. Die Laienpsychologie wird gleichfalls als Alltagspsychologie bezeichnet und beruht auf Erkenntnisse in der Psychologie, welche nicht auf der Basis von wissenschaftlichen Kriterien und Informationen basieren.

Das bedeutet, dass die Alltagspsychologie die Maßstäbe der Selbsterkenntnis nicht an wissenschaftlichen Belegen festsetzt, sondern an Stelle dessen auf verbreitete Annahmen von persönlichen Erfahrungen, Erlebnissen, Geschichten und weiteres basiert. Durch die Alltagspsychologie entstanden Mythen im Bereich der Geschlechterstereotypen, im Bereich des Familienstandes, sowie auch bei anderen persönlichen Begebenheiten wie Alter etc. Ein weit verbreiteter Mythos ist, dass Frauen zu jedem Zeitpunkt mehr Redeanteil besitzen als Männer und dass das daran liegt, dass Frauen sich unterbrechungsfrei mitteilen müssen und Beachtung benötigen.

Dies ist ein Beispiel aus der klassischen Alltagspsychologie. Vorfälle, die mehrfach zutreffen, werden als allgemeingültig umformuliert und eine Psychologie wird dahinter gesucht und geeignet umstrukturiert.

Vor allem erfolgt dies gleichfalls, wenn man Mythen wissenschaftlich wiederlegen konnte, da dies während der Alltagspsychologie allein nicht mit beachtet wird.

Um binnen dem gleichen Beispiel zu bleiben: Die wissenschaftliche Erhebung sechs APSYH01 1 konnte widerlegen, dass Frauen mehr kommunizieren als Männer. Sowohl Männer als Frauen reden im Schnitt rund 16.000 Wörter pro Tag.

Die substanziellsten Unterschiede inmitten der Alltagspsychologie und der wissenschaftlichen Psychologie sind also, dass in der Alltagspsychologie Mythen, unreflektierte Statements pauschalisiert werden ohne binnen alledem skeptisch zu hinterfragen.

Widersprüchliche Behauptungen werden aufgestellt und nicht wissenschaftlich begründet, Datenerfassungen basieren auf Zufällen und nicht auf strukturierten Statistiken und / oder Analysen.

In der wissenschaftlichen Psychologie sind Ergebnisse mit wissenschaftlich konzipierten Methoden und Konzepten überprüfbar.

Des Weiteren kommen Forscher trotz allerhand Orientierungen und Wegen, aufgrund von wissenschaftlichen Regeln und Konzepten häufig zu gleichen Erkenntnissen und Resultaten.

Die Alltagsfloskel „Gegensätze ziehen sich an" ist bspw. weder wissenschaftlich nachweisbar noch ist es wissenschaftlich überprüfbar.

Die „Alltagspsychologen" befassen sich mit verschiedenartigen, selbst ernannten Interpretationen und deren aufgestellten Theorien sind nicht oder außerordentlich schlecht überprüfbar und wiederholbar, Theorien sind in der Realität jedoch mit wissenschaftlichen Methoden überprüfbar. Ein präsentes Problem in der Alltagspsychlogie ist aber eben, dass viele Floskeln, zu sehr vielen Situation passen oder angepasst werden können und demzufolge Ihre „Richtigkeit" in der Welt immer wieder finden.

Trotzdem sollte durchaus jedem bewusst sein, dass psychologische Rückschlüsse keine monokausale Erklärung (einzige Ursache) haben, sondern dass

die menschlichen Verhaltensweisen stattdessen auch schwerwiegende Unterschiede aufzeigen können.

Die Psychologie als eine objektive, experimentelle auf Statistiken beruhende Naturwissenschaft, hat das Ziel das Verhalten eines Menschens zu ändern. Die Psychologie gilt als eine Verhaltenswissenschaft basierend auf Methodik und auf das menschengerechte Erleben.

Gebiete der Psychologie

Die Psychologie ist also eine Verhaltenswissenschaft, sowie eine Naturwissenschaft, die Verhalten und Erleben darstellt und durch wissenschaftliche Chancen und Methoden, sich von der längst oben beschriebenen Alltagpsychologie bzw. Laienpsychologie abgrenzt.

Die Erkenntnisgewinnung basiert während alldem in der Psychologie auf sozikultureller, psychologischer und biologischer Ebene und ist unterdessen aufgrund dessen in ausgewählte Gebiete respektive Disziplinen unterteilbar die sich inmitten Grundlagenfächern, Anwendungsfächern, sowohl Methodenfächern unterscheiden.

Beginnend mit den Grundlagen ist zu erwähnen, dass man im Zuge solcher Disziplinen noch inmitten der einzelnen Fächer unterscheidet und zwar in welche, die gleichermaßen Bestandteil anderer Grundlagenfächer sind und inmitten Fächer, welche grundlegende Erkenntnisse in speziellen Kontexten und Zusammenhängen vorstellen.

Zu der ersten Differenzierung, also Fächer die ebenfalls Bestandteil anderer Grundlagenfächer sind, zählt die Generalisierende Psychologie, die

Biopsychologie sowohl die Psychologische Methodenlehre.

Zu dem Gebiet der Grundlegenden Erleuchtung, zählt die Sozialpsychologie, die Persönlichkeitspsychologie/ die Differenzielle Psychologie sowohl die Entwicklungspsychologie.

Schilderung der Allumfassenden Psychologie, sowie die Schilderung der Biologischen Psychologie:

Die Allumfassende Psychologie befasst sich mit der Frage, welche Regelmäßigkeiten und Zusammenhänge sich in Anbetracht auf das Erleben und Verhalten eines Menschens finden und welche Gemeinsamkeiten sich in Sachen hieraus ergeben. Bei alledem werden Aspekte wie Daten, Rücksicht, Emotionen, Motivationen, Wahrnehmung, Lernen, Kognition, die Sprache, sowie weiteres behandelt.

Die Biologische Psychologie beschäftigt sich hingegen mit den Bereichen, die sich auf das Erleben und auf das Verhalten auswirken. Aspekte wie die Genetik von Personen werden analysiert, trotzdem gleichfalls genauso die Anatomie, die Gehirnaktivität, die Muskelaktivität, die Herzfrequenz, der Blutdruck und weitere Aspekte, die sich mit der Biologie des menschlichen Körpers beschäftigen.

Die Disziplin der Szenarien ist innerhalb alledem ausgesprochen ausgeprägt und stark verzweigt mit Unterthemen.

Grundlegend kann man allerdings sagen, dass die Klinische Psychologie, mit den Angelegenheiten Neuropsychologie und Medizinische Psychologie dafür zählt, die Wirtschaftspsychologie mit den Unterthemen Arbeitspsychologie inkl. Ingenieurpsychologie, Organisationspsychologie, Betriebspsychologie, Finanzpsychologie, Führungspsychologie, Marktpsychologie inkl. Handelspsychologie, Konsumpsychologie, Verkaufspsychologie und Werbepsychologie.

Weitere Anwendungsgebiete sind die Pädagogische Psychologie, die Friedenspsychologie, die Gemeindepsychologie, die Gesundheitspsychologie, die Medienpsychologie, die Militärpsychologie, die Musikpsychologie, die politische Psychologie, sowohl die Rechtspsychologie mit den Unterthemen Kriminalpsychologie und Forensische Psychologie.

Aber ebenso Gebiete wie die Religionspsychologie, die Schulpsychologie, die Sportpsychologie, die Umweltpsychologie und Verkehrspsychologie gehören zu den Anwendungsbereichen.

Auch die Methodenfächer sind innerhalb alldem komplex unterteilt; Einer der bedeutendsten Aspekte und Überbegriff ist Psychologische Methodenlehre mit den Unterthemen Metaanalyse, Wissenschaftstheorie, Experimentalmethodik, Evaluationsforschung, Ethik, Mathematik, Informatik und Mathematische Psychologie.

Dabei hat der Aspekt der Mathematik noch das Unterthema Stochastik, welches sich mit Statistik, Spieltheorie, Kombinatorik, ebenso Wahrscheinlichkeitstheorie/-rechnung beschäftigt.

Die Psychologische Diagnostik bildet unterdessen den zweiten wichtigen Überbegriff in diesem Bereich.

Strömungen der Psychologie

Die Strömungen der Psychologie umfassen 5 Themen, welche ausgesprochen divergent voneinander sind.Dazu gehören der Behaviorismus, die Tiefenpsychologie, die Gestaltpsychologie, die kognitive Psychologie und die humanistische Psychologie. Der Behaviorismus nahm seinen Ursprung binnen Personen zum Anbruch des zwanzigsten Jahrhunderts.

Diese Strömung befasst sich grundlegend mit einem ausgelösten Reiz und der darauf anschließenden Reaktion eines Individuums. Das Interesse bezog sich unterdessen insbesondere auf Lernverhalten und der Lernprozesse.

Diese Prozesse bzw. differenzierten Verhaltensweisen können in diesem Fall sowohl negativ als gleichwohl positiv sein. Das Schema welches exakt die Erforschung von Reiz und Verhalten beschreibt nennt man Stimulus-Response Schema.

Zwischen dem neunzehnten und dem zwanzigsten Jahrhundert hatte ein Physiologe die ersten Erforschungen jener Reflexuntersuchung gemacht, welche vorerst bei Hunden getestet wurde.

Die Tiefenpsychologie hingegen beschäftigt sich enorm mit weiteren Methoden und Ansätzen mit der Psychologie der einzelnen Personen. Derweilen kann man die Tiefenpsychologie in drei Hauptaspekte unterteilen.

Der erste beschreibt die methodische Begutachtung von menschlichem Verhalten und von menschlichem Erleben. Der zweite beschreibt eine aufgestellte Theorie in diesem Bereich und der dritte Hauptträger sind die drei Instanzen "Ich, Es und Über-Ich".

Zu diesem Thema gehören trotz alledem ebenfalls essenzielle Aspekte der Traumdeutung an, ebenso der Erklärung von psychischen Störungen und verschiedene sexuelle Richtungen und Neigungen. In der Gestaltpsychologie wird hingegen das Erleben und die Wahrnehmung als eine Ganzheit betrachtet und behandelt. Sie wird demzufolge ebenso als Wahrnehmungslehre betitelt. Menschen die die Gestaltpsychologie ausüben, versuchen also konstant Gesetze zu finden, beziehungsweise Erklärungen zu finden, welche einem unterstützen seine Interpretationen zu erklären.

Dabei werden exemplarisch folgende Anliegen thematisiert:

- Warum kann man manche Dinge in den Hintergrund stellen, übrige wiederrum in den Fokus?

- Von Welchen Faktoren ist die Geschwindigkeit der Erkennungen abhängig?

- Wieso und weshalb sieht der Mensch gewisse Zusammenhänge inmitten von Dingen?

- Welche Faktoren können unterdessen das Erkennen von diesen Zusammenhängen leichter machen oder erschweren?

Die kognitive Psychologie, oder auch der Kognitivismus genannt beschäftigt sich hierbei mit der Begutachtung und Erhebung der Informationsverarbeitung eines Individuums.

Die letzte Strömung, also die humanistische Psychologie handelt von der separaten Selbstentfaltung, Selbstbestimmung, Selbstverwirklichung und weiteres.

Die Grundannahme solcher Strömung basiert auf den Gedanken, dass sich heilsame Persönlichkeiten entfalten.

Physiologische Psychologie

Die physiologische Psychologie versucht zu erklären, wie Emotionen, Verhaltensweisen, ebenso Bewusstseinsänderungen mit Aspekten wie Atmung, Motorik, Hormonen, Kreislauf und Hirnaktivitäten zusammenhängen.

Zum Beispiel zählen Emotionen und Stress im Zusammenspiel eine bedeutsame Rolle für den Körper. Der Forschungspunkt wird hierbei auf die Erhebung der Verarbeitung von Sinnesreizen gelenkt.

Das Spüren von Schmerzen kann bspw. hierzu führen, dass sich der Herzschlag vermehrt und sich die Muskeln anfangen zu verspannen.

Diese Reaktion passiert exemplarisch ebenfalls innerhalb der psychischen Störung „Panikattacken".

Das Warnsignal "Schmerz" wird ausgesendet und die Person bekommt Herzklopfen – Sie steigern sich in die Situation rein und verfällt in Todesangst.

Die Physiologische Psychologie kann während der Verarbeitung von Psychischen Störungen beistehen, da mithilfe der Begutachtung die Ursache versucht wird zu erklären, die beim Beispiel einer Panikattacke, die Person beruhigen kann, dass man körperlich vollends gesund ist. Diese Psychologie kann also den speziellen Umgang mit dem Körper beeinflussen und Gedankengänge und Emotionssteuerungen umleiten und überwachen.

Psychosomatik

Die Psychosomatik wird gleichwohl auch Krankheitslehre genannt oder gleichermaßen als ganzheitliche Betrachtungsweise.

In der Psychosomatik werden Vorgänge und Verflechtungen analysiert die die bei einem wohlbehaltenen Menschen, als auch bei einer kranken Person geschehen auf Grund von spezifischen Reizen.

Zusammengesetzt ist das Wort aus dem alt griechischem und bedeutet Selle (Psyche) und Körper (Soma).

Bei der Psychosomatik werden in erster Regel die psychischen Einflüsse auf Grund von somatischer Aktionen analysiert.

Dabei versucht man den Ursprung ausfindig zu machen der sich anhand eines psychischen Reizes auf den Körper übertragen hat.

Die Somatopsychologie ist binnen alledem das in dieser Art bezeichnete Gegenstück zur Psychosomatik. Diese befasst sich damit, wie auf Grund von einer körperlichen Erkrankung, die psychische und emotionale Ebene drunter leidet.

Die psychosomatische Medizin ist dagegen die Abwandlung und Umsetzung der Psychosomatik in einem Klinikum oder einer medizinischen Institutionen.

Dabei gehört die Wahrnehmung, die Vorbeugung, die Behandlung wie gleichfalls die Rehabilitation zu den grundlegenden Aufgaben.

Darunter zählen anschließend verschiedenste Anwendungssegmente; Ein Beispiel hierzu wäre wenn körperliche Erkrankungen vorliegen, wie exemplarisch eine Krebserkrankungen, ein weiteres Beispiel wären Posttraumatische Störung, Persönlichkeitsstörungen, Essstörungen und viele weiter

Die Untersuchung der Psychosomatik bedeutet nicht, dass man einen somatischen Fund macht. Es existieren nämlich eine Menge psychischer Störungen, die körperliche Schmerzen auslösen ohne dass wahrhaftig Gefahr zur Sorge besteht. Ein typisches Beispiel dafür ist die psychische Störung „Panikattacken".

Bei Panikattacken kann man grundlegend sagen, dass der Mensch auf spezifische Reize überempfindlich reagiert und die Dinge meistens ebenso dramatisiert.

Ein Stechen in der Brust wird als bevorstehender Herzinfarkt selbstdiagnostiziert, dabei bedeutet dieses „Stechen in der Brust" nicht, dass man sich in Lebensgefahr befindet, auch wenn dass die Angst ist die der Mensch dadurch spürt

Wenn ein Individuum exemplarisch die erstmalige Panikattacke vor einer Prüfung hatte, ist es Wahrscheinlich, dass jegliche Reize die was mit einer Prüfung zu tun haben eine erneute Panikattacken auslösen. Das kann das Geräusch eines aufgeschlagenen Buches sein, der Geruch von Papier oder gleichwohl das Halten des gleichen Stiftes. Jeder Reiz, den der Körper aufnimmt wird umgesetzt, der Körper wir nervös und „macht sich von alleine schmerzen".

Hierbei kann anschließend die Psychosomatische Studie Aufschluss über das Thema geben und man kann als betroffene Person in eine psychische Behandlung gehen.

Die Wahrnehmung von einem Reiz und eine darauffolgende Reaktion, bezeichnet man gleichwohl als Psychosomatischen Zusammenhang.

Dabei ist das Beispiel Panikattacken ebenfalls kompatibel.

Das Gefühl von Angst, welches man innerhalb einer Panikattacke verspürt, führt hierzu, dass die Nebennieren Adrenalin ausschütten. Dieses Ausschütten hat die Folge, dass das vegetative Nervensystem behindert ist und beispielsweise Verdauungsstörungen die Folge sein können. Daher sind viele Redewendungen die wir benutzten gleichwohl wahr. Wenn man nervös ist oder man Angst und bedenken hat, sagt man häufig „Mir liegt etwas schwer in dem Magen“ oder genauso „Der Schreck fährt mir über die Glieder.“

Äußere Einflüsse können hierbei deine Reaktion oder Folge genauso verschlimmern.

Zum Beispiel kann das ständige vor dem Fernseher in den Schlaf Fallen, hierzu führen, dass das Schlafverhalten behindert wird und eine Schlafstörung die resultierende Ursache ist. Aber auch anderes, wie Toxine (Alkohol, Tabak oder generell Rauschmittel) können psychosomatische Konsequenzen mit sich führen.

Wahrnehmungspsychologie

In der Wahrnehmungspsychologie wird der sogenannte subjektiven Anteil der Wahrnehmung, untersucht. Um die Wahrnehmungspsychologie besser verstehen zu können, ist es wichtig zu wissen, dass man zwischen objektiven und subjektiven Beziehungen zwischen Reizen und deren Empfindungen spricht.

Dabei beschreibt die objektive Wahrnehmung, dass gesunde Menschen (das heißt ohne Sehstörung, Hörstörung oder ähnlichem), da diese alle die gleichen Sinnesorgane haben, einen Reiz gleich aufnehmen. Wobei die subjektive Wahrnehmung die ist, die im Endeffekt bestimmt, wie dieser aufgenommene Reiz interpretiert wird.

In der Wahrnehmungspsychologie wird also der Teil untersucht und erklärt, der nicht die Wissenschaft und unsere grundlegende Anatomie, erklärbar ist.

Wahrnehmungstheorie

Zur Erklärung der Wahrnehmungen gibt es verschiedene Theorien, welche Aufschluss darüber geben sollen. Eine Theorie ist die Theorie des Hermann von Helmholtz

Diese Theorie wurde 1866 aufgestellt und besagt, dass die Erfahrung die ein Individuum macht bzw. dass Erfahrungen die ein Individuum gemacht hat, entscheidend für die Sicht auf jene Umwelt sind.

Nach Hermann von Helmholtz trägt die Erfahrung entscheidend zu unserer Sicht der Umwelt bei. Ein Individuum benutzt unbewusst seine Erlebnisse und Erfahrungen um über das Wahrgenommene zu urteilen und zu schlussfolgern. Diese „unbewusste Schlussfolgerung“ sorgt dafür, dass man in seiner gewohnten Umwelt so sehr zügig wahrnehmen kann, da man nur wenige Hinweisreize benötige.

In einer ungewohnten Umgebung, kann dies gleichzeitig aber auch dazu führen, dass durch die unbekannten Situationen, ablaufende Prozesse in der Umwelt falsch interpretiert werden und man sich so unwohl fühlt oder gar den Menschen um sich herum ein Unwohlsein bereitet.

Eine andere Wahrnehmungstheorie ist die ökologische Wahrnehmungstheorie von James J. Gibson.

Gibsons Theorie untersucht drei grundlegende Faktoren zur Analyse. Der erste Faktor umschreibt dabei den Faktor der genauen Analyse der Informationen in der Umwelt. Der zweite Faktor beschreibt die „Berücksichtigung der Aktivität von Lebewesen“ und der dritte Aspekt beschreibt die “Spezifizierung der Wahrnehmungsangebote der Welt nach der Artspezifik der jeweils interessierenden Lebewesen“.

Bei der Untersuchung dieser drei Aspekte konnte herausgefunden werden, dass es nicht die einzelnen Reize sind, die ein Individuum dazu bewegen etwas aufzunehmen, sondern dass es in der Vielfalt der Invarianten über Zeit und Bewegung liegt.

Zudem spielt in dieser Theorie auch das Handlungsangebot eine wichtige Rolle. Beispielhaft wird das Handlungsangebot einer Rolltreppe je nach Lebewesensart unterschiedlich wahrgenommen. Handlungsangebote einer Rolltreppe sehr unterschiedlich wahrgenommen werden.

Gestaltpsychologie

Ein weiteres wichtiges Unterthema in der Wahrnehmungspsychologie, ist die Gestaltpsychologie. Diese beschreibt das Erleben als eine Ganzheit.

In der Gestaltpsychologie gibt es die sogenannten Gestaltgesetze, welche 1923 formuliert wurden.

Das erste Gesetz wird als Gesetz der Nähe betitelt und bedeutet, dass Elemente, welche keinen großen Abstand voneinander haben, als zusammengehörig wahrgenommen werden.

Das zweite Gesetz, nennt man das Gesetz der Ähnlichkeit. Dieses besagt, dass Elemente und Gegenstände, die sich einander ähneln von einem Individuum eher als zusammengehörig eingestuft werden, als Elemente, welche deutliche Ungleichheit hervorrufen. Folgend gibt das Gesetz der guten Gestalt, welches besagt, dass ein Individuum bevorzugt, Gestalten wahrzunehmen, welche eine einfache Struktur besitzen. Ein weiteres Gesetz ist das Gesetz der guten Fortsetzung oder auch das Gesetz der durchgehenden Linien genannt. Dieses Gesetz beschreibt, dass wenn man zwei

Linien sieht, die ein X bilden, nicht davon ausgeht, dass es sich dabei um zwei Linien mit einem Knick handelt, sondern, dass es zwei gerade Linien sind, welche sich lediglich Kreuzen. Ein weiteres Gesetz ist das Gesetz der Geschlossenheit. Dieses bedeutet, dass ein Individuum es bevorzugt Strukturen wahrzunehmen, welche geschlossen sind und nicht offen und unabgeschlossen wirken.

Ein weiteres Gesetz ist das Gesetz des gemeinsamen Schicksals, welches beschreibt, dass es bevorzugt wird, etwas wahrzunehmen, welches sich in die gleiche Richtung bewegt. Dabei kann es sich um ein Element, um zwei oder aber auch um mehrere Elemente handeln.

Dabei war dieses Gesetz das letzte, welches zur damaligen Zeit gab, bis Stephen Palmer 1990 drei weitere Gestaltgesetze formulierte.

Diese Gesetze benannte man als das Gesetz der gemeinsamen Region, Gesetz der Gleichzeitigkeit, sowie als das Gesetz der verbundenen Elemente. Dabei beschreibt das erste Gesetz, also das Gesetz der gemeinsamen Region, das Element die sich in abgegrenzten Gebieten befinden, von jemanden eher als zusammengehörig wahrgenommen und empfunden werden, als wenn dies nicht so ist.

Das Gesetz der Gleichzeitigkeit beschreibt, dass Gleichzeitige Veränderungen ebenso, eher als zusammengehörig eingestuft werden. Und das letzte Gesetz, also das Gesetz der verbundenen Elemente beschreibt, dass Verbundene Element als ein ganzes und einheitliches Objekt empfunden werden.

Wenn man diese Gesetze weiß, dann kann man merken, dass diese Gesetze in unserer Welt auch häufig zur Nutze gemacht werden. Ein Beispiel dafür sind die Medien. Entweder nutzen Medien diese Gesetze um ein „verbundenes und einheitliches „Gefühl zu rekonstruieren oder um bewusst etwas hervorzuheben, das heißt, dass diese Gesetze mit Absicht gebrochen werden.

Zum Beispiel ist die Farbe Rot, die komplementäre Farbe zu Grün, das bedeutet, dass wenn etwas in der Farbe rot, auf einen grünen Hintergrund steht, nimmt das das menschliche Gehirn dies intensiver wahr. Damit wird aber das Gesetz der Ähnlichkeit gebrochen. Aber auch in anderen Gebieten werden diese Gestaltgesetze angewendet.

Sinneswahrnehmung

Ein weiterer wichtiger Punkt im Bereich der Wahrnehmungspsychologie ist natürlich die Sinneswahrnehmung.

Bekanntlich besitzt ein Mensch fünf Sinne, welche folgendes ermöglichen: Sehen, Riechen, Hören, Schmecken und Fühlen.

In der Fachsprache spricht man beim „Sehen" von visueller Wahrnehmung mit dem Auge. Man nimmt mit dem Auge visuelle Reize auf, wie beispielsweise Helligkeit, Kontrast, Farben, Umrisse, Formen, Dreidimensionalität, sowie aber auch Bewegungen und andere Impressionen.

Beim „Hören" spricht man auch von auditiver Wahrnehmung mit dem Ohr. Dieses nimmt Schalle, Töne und Geräusche auf und besitzt die Fähigkeit die Entfernung von Geräuschen zu identifizieren, sowie auch die Richtung.

Die Auditive Wahrnehmung kann aber auch bei sehr lauten Tönen durch den Tastsinn aktiviert werden, da man die Vibrationen fühlen kann.

Zudem hat das Ohr aber ebenso die Fähigkeit den Gleichgewichtssinn eines Menschens zu steuern und gibt einem Individuum so die Möglichkeit die Kontrolle von Bewegungen zu erfassen.

Der Sinn des Fühlens wird als Taktiler Wahrnehmung beschrieben und hilft dem Menschen dabei Berührungen zu spüren mithilfe von Kälte und Wärme-rezeptoren.

Dabei unterscheidet man jedoch zwischen den folgenden zwei Untersystemen:

Der erste Aspekt ist dabei die Tiefensensibilität. Diese beschreibt die Wahrnehmung der Körperglieder und die damit zusammenhängende Körperhaltung.

Hierbei wird anstatt eines einzelnen Organes, eine größere Menge von Rezeptoren für die Reizaufnahme zuständig gemacht. Dies wird zusammengefasst unter dem Begriff „Muskelsinn".

Zudem gehört zu diesem Aspekt auch die körpereigene Wahrnehmung der eigenen Organe. Der zweite Aspekt ist dann die Taktile Wahrnehmung; Welche eben dazu dient, dass Temperatur, Vibrationen, Berührungen und Druck empfunden werden kann.

Das Sinnesorgan welches dazu führt, dass man all diese Reize aufnehmen kann ist dabei die Haut.

Der Geschmackssinn, wird als Olfaktorische Wahrnehmung beschrieben und wird mit der Nase aufgenommen.

Das Ermitteln von Gerüchen wird dabei im Gehirn stark mit Emotionen in Verbindung gebracht und ist deshalb auch oft ein Begleiter in einer Therapie.

Der letzte Sinn, also der Geschmackssinn, wir auch als Gustatorische Wahrnehmung beschrieben und wird durch die Zunge erfasst, welche verschiedenen Geschmacksrezeptoren trägt, welche bei der Identifizierung von Nahrung, Chemischen Mitteln und weiteres helfen.

In der Wahrnehmungspsychologie spielen die Sinne eine enorm wichtige Rolle, denn ohne diese Sinne könnte ein Mensch erstens gar nicht wahrnehmen und zweitens, bieten die verschiedenen Sinne einem Individuum viele verschiedene Interpretationsweisen von Situationen und sind damit bedeutend für die Entscheidungstreffung.

Figur-Grund-Wahrnehmung (Beispiel „Rubinischer Becher“ von Wellhöger 1990)

Im Bereich der Sinneswahrnehmung gibt es auch den Begriff der Figur-Grund-Wahrnehmung, welcher durch einen rubinischen Becher beispielhaft erläutert wird.

Die Figur-Grund-Wahrnehmung beschreibt die Unterscheidung von Vordergrund und Hintergrund, durch die individuelle Gewichtung der aufgenommenen Reize.

Um das Beispiel zu erläutern: Auf dem Bild findet man in weiß einen rubinischen Becher abgebildet und jeweils links und rechts davon in groben Formen und in der Farbe schwarz, Menschen die symmetrisch sind und sich anschauen.

Dabei ist die Frage, ob man den Becher als erstes wahrnimmt und das schwarze lediglich der Hintergrund ist, oder ob die Menschen als erstes wahrgenommen werden und das weiße in den Hintergrund tritt und gar nicht als ein Becher erkannt wird. Durch die Einströmung der verschiedenen Reize durch die Farben und Formen etc. filtert das Gehirn heraus, welche Eindrücke als wichtig erscheinen und welche nicht.

Dabei werden die wichtigen Reize in den Vordergrund gestellt und die unwichtigen Reize werden automatisch in den Hintergrund gestellt.

Persönlichkeitspsychologie

Die Persönlichkeitspsychologie ist ein Gebiet der Psychologie, welches sich im Allgemeinen um die Persönlichkeit eines Individuums befasst.

Motive, Entwicklungen und Reizreaktionen charakterisieren dabei diese Psychologie.

Das Big-Five Persönlichkeitsmodell

Das Big Five Persönlichkeitsmodell ist ein Fünf-Faktoren-Modell aus dem Bereich der Persönlichkeitspsychologie welches schon sehr lange existiert und bis heute zu einem internationalem und anerkannten Modell zählt um die Persönlichkeit eines Individuums zu untersuchen.

Diese fünf Persönlichkeitsfaktoren sind dabei:

- Offenheit für Erfahrungen
- Gewissenhaftigkeit
- Extraversion
- Verträglichkeit
- Neurotizismus

Der Faktor Offenheit beschreibt dabei das Interesse an neuen Erlebnissen, Erfahrungen sowie Beschäftigungen im Zusammenhang mit gesammelten Eindrücken.

Der Faktor Gewissenhaftigkeit beschreibt das Merkmal der Selbstkontrolle und das Merkmal des Perfektionisten.

Die Extraversion beschreibt dabei im Großen und Ganzen das zwischenmenschliche Verhalten

Der nächste Faktor bezeichnet sich als „Verträglichkeit“ und beschreibt ebenso interpersonelles Verhalten.

Der letzte Faktor ist der Neurotizismus, welcher negative Emotionen widerspiegelt, sowie als Gegenstück von emotionaler Stärke betitelt wird.

Big-Five Selbsttest: Welche Persönlichkeit habe ich?

Eine wichtige Frage, die einem beschäftigt ist die Frage nach der eigenen Persönlichkeit. Um diese herauszufiltern, muss man sich zunächst vor Augen führen, welche Fähigkeiten die verschiedenen Persönlichkeiten haben.

Offene Personen zeichnen sich aus durch:

- Gute Fantasie
- Können Ihre Gefühle einordnen
- Sind an öffentlichen Vorgängen interessiert
- Sind neugierig
- Sind experimentierfreudig
- Unkonventionelles Verhalten
- Neus ist interessanter und besser als altes und bewährtes

Gewissenhafte Personen zeichnen sich aus durch:

- Organisation
- Sorgfalt
- Zuverlässigkeit
- Überlegtheit und Planung

Personen mit Extraversionellem Verhalten sind:

- gesellig
- aktiv
- gesprächig
- optimistisch
- herzlich

Verträgliche Menschen haben folgende Eigenschaften:

- Wunsch nach sozialer Akzeptanz
- Sie sind verständnisvoll
- Sie sind wohlwollend
- Sie sind mitfühlend

Personen mit einer hohen Ausprägung in Neurotizismus sind:

- Ängstlich
- Angespannt
- Unsicher
- Verlegen
- Nachdenklich
- Überempfindlich auf negative Emotionen

Um herauszufinden, welche Persönlichkeit man nun hat, sollte man sich die Faktoren genauer anschauen und sich genau überlegen, zu welchen Aspekten man sich am ehesten hingezogen fühlt.

Entwicklungspsychologie

Die Entwicklungspsychologie ist ein wichtiger Bestandteil der Psychologie und beschreibt die Veränderung von Erleben und Verhalten im Bedachtnahme der kompletten Lebensspanne eines Menschen. Dabei wird besonders der gesunde Verlauf eines Lebens beobachtet und nicht ein Lebenszeitraum, der von Krankheit geprägt war. Den Begriff der Entwicklung zu erklären ist dabei sehr schwierig zu erklären. Im Allgemeinen kann man jedoch behaupten, dass man unter Entwicklung den Prozess der Entstehung und Veränderung versteht, wobei man bei der Entwicklung im Hinblick auf die Psychologie von drei Prinzipien spricht. Das erste thematisierte Prinzip ist dabei das Prinzip des Wachstums, das zweite ist das

Prinzip der Reifung und das dritte Prinzip wird als Prinzip des Lernens betitelt und umfasst das Letzte.

Das Prinzip des Wachstums thematisiert dabei vor allem die Veränderung der Körperstruktur und zwar in näherer Betrachtung auf die Form, der Größe etc. Der Ausdruck Reifung bezeichnet dabei die konkrete Entwicklung von Reflexen, Instinkten oder weiteren Verhaltensweisen, welche man nicht erlernt hatte, sondern man an sich im Körper mit sich trägt.

Das letzte Prinzip, also das Prinzip des Lernens beziehen sich dabei sowohl auf den traditionellen Bereich des Konditionierens, als auch auf den Bereich, der das schulische Lernen umfasst.

Die Aufgabe der Entwicklungspsychologie ist es demnach zu erklären, warum es zu gewissen Veränderungen gekommen ist, aus welchen Gründen das Gefühl von Stabilitäten kommt, und warum es diesbezüglich inter- und intraindividuelle Unterschiede gibt.

Sozialpsychologie

Die Sozialpsychologie ist ein Thema, welches sowohl in dem Gebiet der Soziologie aber auch in dem Gebiet der Psychologie auftritt. Sie beschreibt den Einfluss verschiedenster gesellschaftlicher Faktoren, sowie Erlebnis- und Verhaltensweisen.

Das Denken und Handeln, sowie das Verhalten wird also unter Berücksichtigung des sozialen Einflusses untersucht.

Bekannterweise geschehen alle Abläufe eines Menschens in Bezug auf Verhalten, Reaktionen und Meinungsbildung unter Abwägung der sozialen Normen und dem eigenen Befinden.

Dabei kann jedoch auch die Umwelt sowohl bewusst, aber auch unbewusst Einfluss auf Entscheidungen nehmen. Zum Beispiel fühlt sich ein Individuum in einer Gruppe von Menschen, welche sich ähnlich bewegen, ähnlich kleiden und ähnliche Interessen haben, viel wohler, als in einer Gruppe, die all diese Punkte nicht erfüllt. Dieses Phänomen tritt auf, auf Grund der Identifizierung mit dem sozialen Umfeld.

Die Sozialpsychologie konnte herausfinden, dass es für ein Individuum stets wichtig ist sich identifizieren zu können und ein angenehmes Umfeld zu haben um positive Gedanken zu entwickeln.
Diese Erkenntnis verhalf dazu bei, dass Sozialpsychologen beispielsweise bei der Milderung von Schmerzen und der Bekämpfung von Phobien und Ängsten aktiv helfen können. Zum Forschungsbereich der Sozialpsychologie zählen jedoch sehr viele und verschiedene Bereiche.

Beispielhafte Bereiche wären zunächst die soziale Wahrnehmung, die soziale Kognition, die Konstruktion seiner Selbst, oder auch die Einstellungen.

Die soziale Wahrnehmung thematisiert dabei, wie gesammelte Informationen, durch die Betrachtung der Umwelt aufgenommen und interpretiert werden.

Dabei zählen Unterthemen wie die Attributiostheorien, die Theorie der korrespondierten Schlussfolgerungen, sowie auch die Kovariationstheorie, auch zu dem Oberbegriff der sozialen Wahrnehmung mit dazu.

Die Attributionstheorien thematisiert dabei die Erklärungen für das Verhalten von Menschen.

Die Theorie der korrespondierenden Schlussfolgerungen nimmt dabei an, „dass Betrachter aus einem beobachteten Verhalten auf entsprechende Absichten schließen“. Die letzte Theorie, also die Kovariationstheorie, erklärt dabei die unterschiedlichen und individuellen Einschätzungen von Menschen im Bezug auf einer beobachteten Situation und Handlung. Der Bereich der sozialen Kognition umfasst dabei das weitere Oberthema der Sozialpsychologie und dient dabei zur Erklärung von Denkansätzen.

Die soziale Kognition ist dafür da, herauszufinden, wieso und weshalb eine Handlung und Reaktion sich auf Grund eines sozialen Aspektes, beeinflussen lässt.
Bei diesem Prozess unterscheidet man grundlegend zwischen zwei verschiedenen Prozessen und zwar zwischen dem automatischen und dem kontrollierten (Denk-)Prozess. Dabei beschreibt man einen automatischen Prozess, als einen der automatisch und ohne Absicht unterbewusst geschieht, ohne dabei die ablaufenden kognitiven Prozesse, welche simultan stattfinden, zu stören. Ein kontrollierter Prozess hingegen ist einer, der mit Absicht herbeigeführt wurde und bei einem Menschen bewusst abläuft.

Folgend gibt es auch in dem Bereich der Sozialpsychologie die Konstruktion seiner Selbst.

Bei diesem Thema werden verschieden Ursachen analysiert, die im Zusammenhang mit dem Individuum stehen. Die große Frage nach dem „Warum“ und die große Frage „Woher“ im Bezug auf die Selbsterkenntnis eines Menschens wird bei diesem Thema erarbeitet. Dabei sind zentrale Fragen aber nicht nur der Ursprung und das „warum?“ sondern auch Begriffe wie Selbstkonzept, Selbstschemata und Selbstwertgefühl sind essenzielle Aspekte, die bei dem Thema „Konstruktion seiner Selbst“ eine Rolle spielen.

Weiter geht es mit dem Thema „Einstellungen“.

Unter diesem Thema wird verstanden, dass ein Individuum verschiedene Dinge, wie Gruppen, Randgruppen, Verhalten, Meinungen sowie aber auch Menschen in seinem sozialen Umfeld bewertet. Denn die innere Einstellung hat enorm großen Einfluss, darauf wie ein Mensch als Individuum denkt und handelt, da Einstellungen die Wahrnehmungen beeinflussen. Bei diesem Thema ist das Multikomponentenmodell der Einstellung ein gängiges Modell, welches aussagt, dass die Definition von dem Begriff Einstellung die ist, dass man als Mensch versucht eine Bewertungen eines Objektes zu treffen, die auf kognitiven, affektiven und verhaltensbezogenen Grundlagen beruht. Dabei ist das Zusammenspiel zwischen Einstellung und Verhalten sehr wichtig. Denn so wie Einstellungsforscher sagen, können Einstellungen, das Verhalten eines Menschens vorhersagen.

Weitere Gebiete mit denen sich die Sozialpsychologie beschäftigt wären beispielsweise Emotionen, soziale Rollen, das Rechtsgefühl, die verbale und nonverbale Kommunikation, Aggressionen, Vorurteile und vieles weitere.

Werbepsychologie

Die Werbepsychologie beschreibt, das Wirken auf den Menschen von Werbung, die man durch verschiedene Arten und Weisen aufnimmt. Die Werbepsychologie dient zum Zwecke der aktiven Beeinflussung. Sie soll also dabei helfen bzw. sie soll bewirken, dass der Kunde etwas kauft.

Dabei bestimmt oftmals der Wiedererkennungswert den Kauf. Diese Wiedererkennung kann durch einen Slogan geschehen, aber auch auf Grund einer bestimmten, lauten Melodie, welche einem direkt in den Kopf strömt, wenn man das damit beworbene Produkt sieht.

Es geht also darum, dass neben den allgemein laufenden Werbekampagnen, nicht nur bestimmte Reize assoziiert werden, sondern es handelt sich auch darum, dass einem ein gewisser Wiedererkennungswert, als Verkäufer, gelingt. Dafür sind Wiederholungen sehr wichtig, damit der Slogan, die Melodie o.ä. auch eingängig sind und früher oder später im Kopf eines Individuums hängen bleiben.

Dabei ist es sogar ganz gleich, ob einem die Melodie gefällt oder der Slogan vielfältig ist. Fakt und Ziel ist nur, dass es im Kopf bleiben muss und das Produkt Aufmerksamkeit bekommt. Eine andere Methode der Werbepsychologie funktioniert mit der klassischen Konditionierung. Das bedeutet, dass man versucht durch regelmäßige Belohnungen den Menschen dazu zu animieren, ein Produkt zu kaufen.

Ein Beispiel dafür ist das Werben mit einem Gut, welches jeder möchte.

Proteinreiche Haferflocken, sollen zum Beispiel ideal zu Frühstück sein. Also wird damit beworben, dass man garantiert, durch das Verzehren dieses Produktes fitter und gesünder wird.

Jeder möchte fitter und gesünder sein und kauft deshalb das Produkt mit dem Vertrauen, dass es einem hilft. Es gibt eine Vorgehensweise, die man kurz einfach AIDAS nennen kann.

Aidas besteht dabei aus den Initialen; 1. Attention, 2. Interest, 3. Desire, 4. Action, 5. Satisfaction und thematisiert die wichtigsten Aspekte, für eine gute und vielversprechende Werbung:

Die Gewinnung der Aufmerksamkeit ist das A und O um potenzielle Kunden zu erlangen

1. Das Interesse sich mit dem Produkt beschäftigen zu wollen muss geweckt werden
2. Das Spüren eines Kaufwunsches muss gewährleistet werden.
3. Das beworbene Produkt sollte gekauft werden
4. Der Kunde sollte eine Kaufbestätigung erhalten und mit seiner Entscheidung dieses Produkt gekauft zu haben glücklich sein. Der Kunde sollte dabei so glücklich und überzeugt sein, dass er das Produkt immer wieder kaufen möchte.

Das heißt, dass nach erfolgreichem und glücklichen Kauf, der Ablauf des Konsumenten, im Bezug auf das Produkt wie folgt aussieht: Werbung -> Kauf -> Werbung -> Nachkauf -> Werbung -> Nachkauf etc.

Eine weitere essenzielle Wärmetechnik ist die sogenannte PPPP. Dies bedeutet „1. picture (Bild), 2. promise (Versprechen),3. prove (Beweise) und 4. push (drücken; drängen)“.

Zu diese Werbetechnik zählt die Einhaltung folgender Punkte:

1. Bildliche Visualisierungen zu Veranschaulichung
2. Die Werbung, sollte eine Garantie oder ein Versprechen beinhalten
3. Das Versprechen muss auch durch anerkannte Fakten bewiesen werden
4. Eine Handlungsaufforderung muss gegeben sein

Der letzte zu beachtende Punkt im Bezug auf die Werbepsychologie ist USP, oder auch Kurzwort für „unique selling proposition".

Diese Abkürzung soll dabei lediglich im Großen und Ganzen bedeuten, dass Werbeslogans eingängig und einfach gehalten werden sollten.

Man kann also kurz gefasst zum Thema Werbepsychologie sagen, dass die Werbung einen enormen Einfluss auf die menschliche Psyche hat und es sehr viele Tricks gibt, die den Menschen dazu animieren etwas zu kaufen und etwas zu glauben.

Positive Psychologie

Die positive Psychologie beschreibt die Behandlung von positiven Aspekten, wie zum Beispiel Glück, Optimismus, Geborgenheit und vieles weitere.

Der Schwerpunkt bei diesem Thema ist dabei auf Charakterstärken gelegt, zu diesen zählen Aspekte wie zum Beispiel die individuelle kognitive Stärke, die emotionale Stärke und Menschlichkeit, aber auch die zivile Stärke wie Gerechtigkeit, Fairness und Verantwortung.

Angewendet wird diese Form von Psychologie oft in der Unternehmenspraxis zum Beispiel im Bereich des „Positive-Leadership", im Bereich der Bildung, sowie auch bei der Erziehung.

Die Positive Psychologie ist dabei essenziell für jeden Menschen, da sie einem ein wohliges Gefühl verleitet.

Dabei kann man aber auch selber die positive Psychologie bei sich anwenden, in denen man sich bestimmte Aspekte und Sätze stets vor den Augen führt:

10 nützliche Affirmationen

Nützliche Affirmationen im Bereich des positiven Denkens wären beispielsweise folgende:

1. Ich kann mein Leben selbst in die Hand nehmen
2. Andere Menschen lieben und respektieren mich so, wie ich bin.
3. Ich bin wertvoll.
4. Ich akzeptiere mich, so wie ich bin.
5. Ich verzeihe mir selbst.
6. Ich habe Spaß am Leben.
7. Ich bin liebenswert
8. Ich bin wertvoll
9. Ich liebe meinen Körper
10. Ich verdiene vollkommene Gesundheit.

Übungen zum positiven Denken lernen

Man kann aber auch durch verschiedenste Übungen, das positive Denken erlernen. So kann man sich beispielsweise vor einer Krise schützen oder eine Krise besser bewältigen.

Um positives Denken zu lernen muss man sich zunächst vor Augen führen, wo genau die Probleme sich befinden und wie genau sich das Problem anfühlt. Wichtig ist dabei, dass versucht wird bei der Beschreibung so detailliert wie möglich vorzugehen, da dies zu einem besseren Endergebnis führen wird.

Nachdem sich eine Person das klar gemacht hat, kann es die Übungen durchführen, die dazu beitragen positiver zu denken.

Grundlegende sind es sogenannte Achtsamkeitsübungen, die man in seinen Alltag integrieren kann, damit man erlernt positiver beziehungsweise positiv zu denken.

Zu Achtsamkeitsübungen zählen unter anderem auch Meditationsaufgaben.

Ob ein Mensch positiv denkt oder nicht, hat etwas mit der Resilienz eines Menschen zu tun, also mit der inneren emotionalen Stärke.

Wie gut diese ausgeprägt ist, ist bei jedem Menschen anders, weil sich diese durch Erziehung, Erfahrungen und äußere Umstände im Kindesalter entwickelt.

Um positiv zu denken ist es aber wichtig, dass an seine Resilienz stärkt, da diese der Schlüssel zum positiven Denken ist.

Dafür sind jedoch viele Faktoren wichtig, die man sich als negativ-denkender Mensch vor Augen führen muss: Dazu zählen die Faktoren Akzeptanz, positive Emotionen, Optimismus, positive Selbstwahrnehmung, Kontrollüberzeugung, Selbstwirksamkeitserwartung und der Faktor des Sozialen –Netzwerkes.

Diese Faktoren sind alle bei resilienten Menschen abgedeckt.

Resiliente Menschen zum Beispiel akzeptieren Veränderungen, und versuchen nicht stets gegen Veränderungen anzukämpfen. Sie haben akzeptiert, dass Veränderungen ein Teil des Lebens sind und unvermeidlich. Es ist also für solche Menschen leichter, wenn etwas passiert, was für negative Gedanken sorgt, wieder aus dem

„Tief“ rauszukommen. Resiliente Menschen akzeptieren, dass es nicht für alles auf der Welt eine Lösung gibt und finden damit gleichermaßen ihren Frieden, wie mit einer Antwort. Auch andere Fähigkeiten, wie zum Beispiel die Fähigkeit seine Gefühle zu ordnen und seine Stimmung zu kennen gehören damit hinzu. Sie charakterisieren sich mit Optimismus und durch die Fähigkeit seine inneren Glaubenssätze umzustrukturieren, verschaffen sie sich neue Überzeugungen die einen glücklicher machen können.

Diese Aspekte, aber auch viele andere Aspekte sind viele Baustellen die bearbeitet werden müssen, um positivere Gedanken zu gewährleisten, sind aber alle durch Übungen abdeckbar.

Meditation und Achtsamkeitsübungen, bei denen man bewusst auf den eigenen Geist achtet und achtsam und bewusst mit seinen Sinnen Einflüsse aufnimmt, verhelfen einen besonders dabei, mit sich selbst im reinen zu stehen.

Sonst ist es die aktive Umstrukturierung der Glaubenssätze und die Verinnerlichung der neuen, sowie das bewusste und aktive Pflegen der sozialen Kontakte, die dabei helfen, dass man positiver denkt.

Gute Beziehungen und positive innere Überzeugungen machen einen nämlich glücklich, sowie auch bewiesen werden konnte, dass das regelmäßige Ausführen von Meditationsübungen das Gehirn des Menschen zu umstrukturiert, dass man glücklicher wird.

Motivationspsychologie

Die Motivationspsychologie ist eine Form der Psychologie, welche sich besonders mit den Auswirkungen auf das Verhalten, sobald ein Individuum motiviert ist, auseinandersetzt und untersucht, welche Motive ein Individuum braucht um die benötigte Motivation zu erlangen.

Dabei spricht man in der Motivationspsychologie grundlegend über 4 Erkenntnisse, die als Leitfaden gelten.

Die erste Erkenntnis umfasst dabei die Tatsache, dass Motivation der Schlüssel ist um menschliches Verhalten zu verstehen.
Erst wenn einem als außenstehende Person bewusst ist, welche Motive beziehungsweise Motivationsmotive vorliegen, kann man bestimmte Verhaltensweisen verstehen.
Ein Beispiel dafür ist eine Person die in großer Armut aufgewachsen ist und jetzt in Ihrem neuen Leben, sehr viele alte Gegenstände besitzt und immer mehr Sachen hortet, obwohl die Person finanziell stabil ist.

Wenn man den Hintergrund nicht wüsste, würde man nicht verstehen, warum die Person nicht einfach die Sachen in den Müll schmeißt. Aber nach dem man weiß, welche Motivation ihn dazu treibt, nämlich die Angst wieder alles zu verlieren, dann schaut man mit einem anderen Blick auf die Situation, da man das Verhalten nachvollziehen kann.

Die zweite Erkenntnis ist der Aspekt, der besagt, dass Motive zunächst immer an ein bestimmtes Ziel geknüpft sind. Dabei sind uns die Ziele teilweise auch nicht immer bewusst, aber sie sind in jedem Falle da. Ein unbewusstes Ziel welches man verfolgt stellt sich oft während der Kommunikation raus, wenn man zum Beispiel unbewusst durch die Tonlage jemanden dazu animieren möchte seine Entscheidung zu ändern.
Aber natürlich können diese Motive auch ganz real sein, wie zum Beispiel das Ausführen von vielen Überstunden, weil man sich einen Urlaub finanzieren möchte.

Zur dritten Erkenntnis zählt der Punkt, dass die Art eines Motives oft ausschlaggebend dafür ist, ob man Erfolg oder Misserfolg hat.

Meistens ist es so, dass Menschen Ihre Ziele nicht erreichen, da Ihnen die eigene Motivation im Wege stand. Dies passiert oft, wenn jemand sich fremde Ziele als seine eigenen setzt, ohne aktiv über die Wünsche seiner selbst nachzudenken.

Die vierte und letzte Erkenntnis, beschreibt die Art und Weise wie Menschen mit Frust umgehen. Denn es gibt verschiedene Arten damit umzugehen, die entscheidend für den Erfolg eines Individuums sein können. Der Grund für das Scheitern an Zielen kommt nämlich häufig durch die Tatsache, dass der angemessene Umgang mit Frustration nicht erlernt wurde.
Die ersten Schwierigkeiten sorgen schon für die Motivation aufzugeben anstatt die Schwierigkeit als erneute Herausforderung anzusehen.

Das bedeutet im Umkehrschluss aber auch, dass ein Individuum auf Grund einer schwierigen Phase die Möglichkeit bekommt davon zu profitieren.

Natürlich macht es Sinn, sich von den ein oder anderen Ziel von loszuwenden, aber jeder Mensch weiß aus dem tiefsten Herzen, was er wirklich möchte. Zudem existieren noch einige, grundlegende Motivations-Formen, welche darüber entscheiden mit welcher

Wahrscheinlichkeit ein angestrebtes Ziel erreicht wird. Dabei unterscheiden Psychologen zwischen vier *Grunddimensionen* der Motivation.

Auch die Art der Motivation entscheidet mit darüber, ob ein Ziel mit hoher Wahrscheinlichkeit erreicht wird oder nicht. Psychologen unterscheiden meistens zwischen vier Grunddimensionen der Motivation:

Die erste Dimension ist dabei die intrinsische oder die extrinsische Motivation.
Dabei beschreibt die extrinsische Motivation, eine Motivation welche von außen her kommt und mit dem eigentlichen Ziel inhaltlich nichts zu tun hat. Ein klassisches Beispiel findet man dafür bei Kindern in der Schule.
Die Eltern bieten dem Kind eine materielle Belohnung an, sofern gute Noten geschrieben werden. Das Ziel des Kindes ist beim Lernen oft dann weniger die gute Note, sondern viel eher die Belohnung. Die Motivation zum Lernen kam dann also von außen.
Im Gegensatz dazu steht die Intrinsische Motivation, welche die von innen herauskommender Motivation beschreibt. Diese Motivation kann sich zum Beispiel in Form von Neugierde, Wissensdurst oder generell Interesse zum Vorschein kommen.

Bei dieser ersten Dimension konnten Untersuchung feststellen, dass fiel intrinsische Motivation bei einem Individuum stärker und langanhaltender ist als eine extrinsische Motivation. Extrinsische Motivationen werden fällig in der Regel, sofern Aufgaben anfallen die wenig mit den eigenen Bedürfnissen oder Interessen zu tun haben. Aus diesem Grund wird nach der getanen Arbeit, durch extrinsische Motivation, bei jeder Aufgabe eine neue „Belohnung" eingefordert oder aber auch nicht mehr eingefordert, weil die Motivation nicht mehr groß genug ist. Die zweite Dimension beschreibt man als die positive oder negative Motivation.

Dabei beschreibt die negative Motivation, eine Motivation die darauf aus ist negative Dinge zu vermeiden. Auch dazu gibt es ein passendes Schulbeispiel: Ein Kind in der achten Klasse weiß, dass es Zuhause ärger gibt, wenn es mit schlechten Noten nach Hause kommt. Aus diesem Grund lernt es viel. Das Kind möchte also die eventuell auftretende negative Situation vermeiden und fühlt sich aus diesem Grund dazu motiviert zu lernen. Die positive Motivation hingegen basiert auf einen gewünschten Zustand. Ein passendes Beispiel dafür wäre, dass eine erwachsende Person aufhören möchte zu rauchen, da er gerne wieder bessere Kondition haben möchte, zudem merkt er selber, dass der Zigarettenrauch an den Klamotten heften bleibt und er definitiv mehr Geld sparen würde.

Bei dieser Dimension ist es wahrscheinlicher, dass die Motivation des Erwachsenen länger anhält und er erfolgreicher mit seinem Vorhaben ist. Studien konnten nämlich herausfinden, dass negative Motivation Trotz auslösen kann und sich auf einen Menschen quasi lähmend auswirken kann. Die kurzfristige versus langfristige Motivation beschreibt die dritte Dimension der Motivationspsychologie. Diese Dimension beschreibt lediglich die Tatsache, dass man sich nicht zu große Ziele setzen soll, ohne sich dabei Zwischenziele zu setzen. Wenn man sich nämlich nur ein großes Ziel setzt, dann ist es sehr wahrscheinlich, dass man viele Phasen der Frustration durchlaufen muss, die im Endeffekt dazu führen, dass man aufgibt.

Wenn man sich aber immer wieder kleine Zwischenziele setzt und diese erreicht, umgeht man die Massen an Frustration, da man mit jeder Erreichung eines Zwischenziels neue Motivation „tanken“ kann. Die letzte Dimension der Motivationspsychologie ist anschließend die bewusste oder unbewusste Motivation.

Die bewusste Motivation beschreibt dabei die aktive und überlegte Zielsetzung, mit der man sich befasst hat. Die unbewusste Motivation beschreibt hingegen Motive welche sich im unbewussten Teil des Menschen befinden.

Dies kann dazu führen, dass ein Individuum scheitert. Die unbewusste Motivation bezeichnet man auch als Gegenmotivation, die ein davon abhalten kann ein bestimmtes, bewusstes Ziel umzusetzen.

Ein Beispiel dafür gibt es auch wieder in der Schule.
Ein Schüler legt bewusst viel Wert auf Fairness und Gerechtigkeit. Aus diesem Grund möchte er seinen Mitschülern helfen, die ohne Grund geärgert werden.

Seine Gegenmotivation ist aber, dass er Angst hat selber geärgert zu werden. Somit kann diese „unbewusste Motivations-Ebene“ dazu führen, dass man seine Ziele nicht erreicht.

Auffallend dabei ist, dass besonders Menschen, die an psychischen Erkrankungen leiden von dieser Gegen-Motivation betroffen sind.

Das Eisbergmodell nach Freud

Das Eisbergmodell nach Siegmund Freud ist ein Modell, welches auf das Zusammenspiel zwischen Psyche und Persönlichkeit, basiert.Es werden dabei drei wesentliche Teile der Persönlichkeit diskutiert und beschrieben. Die drei wesentlichen Aspekte der Persönlichkeit sind dabei das *Bewusste*, das *Vorbewusste* und das *Unbewusste*. Visualisiert wird dieses Modell – deshalb auch der Name – mit einem im Wasser schwimmenden Eisberg.

Dabei schauen ungefähr zwanzig Prozent des Eisberges aus dem Wasser heraus und achtzig Prozent befinden sich unterhalb der Wasseroberfläche.

Dabei wird der Teil der aus dem Wasser steht, als das *Bewusste* beschrieben, der danach folgende Teil als das *Vorbewusste* und der Teil der ganz unten ist als das *Unbewusste*.

Der Bewusste Teil beinhaltet dabei alle logischen, absoluten Faktoren. Zu diesen Faktoren zählen zum Beispiel Daten, aber auch Zahlen generell an sich, sowie Fakten. Dieser Teil wird auch als Sachebene betitelt. Zum Vorbewussten zählen dann eher Merkmale wie Ängste, Merkmale der Persönlichkeit oder auch verdrängte Konflikte und wichtige Werte.

Der letzte Teil der Persönlichkeit ist das Unbewusste. Dazu zählen dann Ereignisse die Beispielsweise ein Trauma ausgelöst haben, die Psychosexuelle Entwicklung eines Individuums, sowie auch die Instinkte mit denen ein Mensch geboren wird.

Die beiden letzten Aspekte, also das Vorbewusste und das Bewusste, bezeichnet man folgend auch als Gefühlsebene. Die Verteilung dieser drei Aspekte ist natürlich symbolisch und klug gewählt.

Das Unbewusste, ist etwas wofür Sie als Individuum tief graben müssen. Das ist oft so tief, dass man all die Dinge die sich im Unbewussten Teil befinden, nur mit Hilfe eines Spezialisten in den bewussten oder vorbewussten Teil transportieren kann. Aus diesem Grund befinden sich diese beiden Teile in diesem Modell auch ganz unten und unter Wasser.

Der Vorbewusste Teil ist dabei ein Teil, welcher sich zwar auch unter Wasser befindet, aber in der Regel keine Schwierigkeiten mit sich bringt. Zum Beispiel die Angst vor Spinnen, ist etwas was sich in der Regel unterhalb der Oberfläche befindet, aber jedem Individuum trotzdem offensichtlich ist.

Der Bewusste Teil befindet sich anschließend natürlich über der Oberfläche. Mit diesem Modell versucht Freud, die Verhaltens- und Reaktionsweisen eines Individuums zu erklären. Das Modell beschreibt nämlich, dass nur ca. zwanzig Prozent von dem was ein Individuum kommuniziert, egal ob es sich dabei um eine zwischenmenschliche Kommunikation handelt, oder um eine mit sich selbst , auf Fakten und absoluten Daten basiert und dass die restlichen achtzig Prozent auf Erlebnisse und die damit verbundenen Gefühle, basiert. Er selbst bezeichnet nämlich den Menschen als einen, der von Gefühlen und Emotionen geleitet ist. Diese These beziehungsweise diese Erkenntnis untermauert er anschließend auch mit diesem Eisberg-Modell. Das Modell verfügt jedoch auch andere Betitelungen der jeweiligen Bereiche.

Das Bewusste wird zum Beispiel bei anderen Varianten als *Ich* bezeichnet, das Vorbewusste als *Über-Ich* und das Unbewusste als *Es*.

Das „Ich“ bezeichnet damit das Individuum so wie es ist. Das „Über-Ich“ ist dabei der Part der Persönlichkeit, welcher Werte und Sitten beinhaltet und der Persönlichkeitsaspekt “ Es“ beschreibt dabei die Urinstinkte und die Urtriebe eines Menschens.

Diese Variante des Eisbergmodells wird so beschrieben, dass das Es und das Über-Ich quasi in ständigem Konflikt stehen.

Das Über-Ich, als das Vorbewusste bekannt, ist dabei nämlich der Teil, den man durch die Gesellschaft gelernt hat. Das heißt durch Erziehung weiß ein Individuum, dass man sich in einer S-Bahn ruhig und vernünftig verhält, weil es sich laut den gesellschaftlichen und rechtlichen Gesetzen so gehört.

Dabei kann es aber theoretisch passieren, dass das Über-Ich in einen Konflikt gerät.

Ein Mensch ist nämlich darauf ausgelegt sich fortzupflanzen. Das bedeutet, dass ein Individuum auf Grund seines sexuellen Triebes, verlangen bekommen könnte, in der S-Bahn eine Dame anzusprechen und sich mit ihr fortpflanzen möchte. Dann stehen die beiden Instanzen im Konflikt, denn das Gelernte und das Angeborene stehen sich im Wege.

In solchen Situationen erhält die Instanz *Ich* an Wichtigkeit, denn diese Instanz entscheidet letztendlich, welche Aktion durchgeführt wird.

Diese Instanz versucht also entweder zu entscheiden, ob die Aktion des Über-Ichs oder des Es durchgeführt wird, oder entscheidet sich dafür beide Aktionen zu Vermengen und so ein Kompromiss zu schließen.

Freud beschrieb auch mit diesem Modell Psychische Störungen. Ein Vergewaltiger als Extrembeispiel hatte laut ihm ein ausgeprägtes „Es“ und seine Triebe standen im Vordergrund.

Freuds Meinung nach könne man aber dem ganzen durch die „richtige“ Erziehung entgegenwirken.

Über 30 unglaubliche psychologische Effekte

Folgend werden 40 psychologische Effekte erläutert, die im Bereich der Psychologie nicht nur erstaunlich sind, sondern die Erkenntnis dieser Effekte dazu führte, mehr Wissen über die Psychologie *zu* erlangen und bei Therapien helfen kann.

Der Spotlight-Effekt

Der aller erste Effekt ist der sogenannte Spotlight-Effekt. Dieser Effekt kommt aus dem Gebiet der Sozialpsychologie und thematisiert das Phänomen, dass ein Individuum sich einbildet, dass andere Personen einem mehr Aufmerksamkeit schenken als es in der Realität der Fall ist. Dabei sind häufig Menschen betroffen, die unter starken sozialen Phobien leiden.

Selbstwirksamkeitserwartung

Das Konzept der Selbstwirksamkeitserwartung bezeichnet die Erwartung einer Person, dass sie aufgrund ihrer eigenen Kompetenzen ihre Vorhaben selbst bewältigen können.

Ein Mensch, der also glaubt, er könne mit seinem Handeln etwas bewirken und das auch in schwierigen Situationen hat demnach eine hohe SWE. Eine Komponente der SWE ist der Glaube, man könne als einzelne Person gezielt Einfluss auf die Welt und ihre Ereignisse, sowie den Verlauf der Zeitgeschichte nehmen statt äußerer Umstände, wie andere Personen, Glück oder grundsätzlich unkontrollierbare Faktoren als Ursache anzusehen.

Reaktanz

Unter der psychologischen Reaktanz versteht man die Abwehrreaktion, die entsteht, wenn der Mensch äußeren oder inneren Einschränkungen entgegengesetzt ist und ein Widerstand entsteht. Reaktanz wird im Normalfall durch psychischen Druck (z.B. Drohungen, Verbote oder ähnlichen Einschränkungen ausgelöst.

Als Reaktanz im eigentlichen Sinne bezeichnet man dabei jedoch nicht das ausgelöste Verhalten, das als Reaktion entsteht, sondern dem Gedanken der dieser Reaktion zugrunde liegt.

Reaktanz ist typischerweise auf den „Reiz des Verbotenen“ zurückzuführen.

Es beschreibt die Situation etwas noch mehr zu wollen, weil es einem verboten wurde.

Pygmalion Effekt

Als Pygmalion-Effekt wird bezeichnet, wenn sich eine positive Einschätzung eines Charakteristika einer Person durch eine andere Person im späteren Verlauf bestätigt.

Das bekannte Bespiel der Lehrer Schüler Beziehung funktioniert dann so: ein Lehrer, dem suggeriert wird, einige Schüler seien besonders begabt und prädestiniert besser zu sein als andere, wird diese unbewusst so fördern, dass sie am Ende auch faktisch ihre Leistungen steigern und damit seiner Vermutung die ihm „eingeredet wurde“, die für ihn aber keinen empirischen Hintergrund hatte, entsprechen.

Halo Effekt

Der Halo-Effekt (von Englisch halo, Heiligenschein) ist eine aus Der Sozialpsychologie stammende kognitiv falsche Wahrnehmung, die darin besteht, von bekannten Eigenschaften wie zum Beispiel Großzügigkeit, einer Person auf weitere positive oder eben negative unbekannte Eigenschaften zu schließen, in dem Falle zum Beispiel wären jemand der Großzügig ist bestimmt auch Tolerant. Bei einer positiven Verzerrung spricht man auch vom Heiligenschein-Effekt, bei einer negativen vom Teufelshörner-Effekt.

Swimmers Body Illusion

Die Swimmer Body Illusion betitelt den Vorgang im Gehirn bei welchem der Mensch versucht aus kognitiven Erkenntnissen versucht Schlüsse zu ziehen, jedoch Resultat und Selektionskriterium verwechselt. Das Bespiel dem diese Titulierung zu Grunde liegt ist das, eines professionellen Schwimmers. Diese haben muskulöse, fitte Körper. Im Vergleich zu Radprofis oder Bodybuildern wirkt er natürlicher und in sich stimmiger, da die Muskulatur gleichmäßiger trainiert ist.

Daher ist schnell die Annahme gemacht Schwimmen sei die perfekte Sportart um einen schönen Körper zu bekommen. Diese stellt sich allerdings als falschheraus, denn der Umkehrschluss ist korrekt:

Um ein guter Schwimmer zu sein, benötigt man bereits einen ausgeglichen trainierten Körper und nicht zwingend andersherum.

Social Loafing

Der Begriff Sozial Laing, welcher auf Deutsch Soziales Faulenzen beschreibt ein sozialpsychologisches Phänomen, das in Gruppensituationen häufig auftritt. Sobald Individuen im Kollektiv mit anderen auf ein gemeinsames Ziel hinarbeiten und dabei ihre Einzelleistung nicht bekannt wird, reduziert sich ihre physiologische Anspannung, sie wägen sich in Sicherheit, weil sie Glauben ihr eigener Beitrag sei nicht entscheidend für das Ergebnis. Diese Entspannung führt zu einem Leistungsabfall bei einfachen Aufgaben. Im Gegensatz dazu führt das Ganze zu Leistungssteigerung bei schwierigen, zum Beispiel neuen oder komplexen, Aufgaben. Jedes Individuum bekommt das Gefühl sein Teil könne entscheidend sein und möchte dies auch, was als natürliches Bedürfnis empfunden wird. Jeder einzelne möchte sich hervortun.

Ironie des Sokrates

Als die sokratische Ironie wird meist ein sich selbst negativ darstellendes Verstellen z.B. sich dumm zu stellen, um sein Gegenüber, welches sich überlegen wähnt in die Falle zu locken, bezeichnet. Dies tut man um ihn zu belehren oder ihn zum Nachdenken zu bringen und ihm seine angenommene Überlegenheit und ihre Fachlichkeit aufzuzeigen.

Der Authority Bias

Der Authority Bias ist der sogenannte Autoritätsglaube. Dieser Effekt beschreibt, dass man sich wort- und kritiklos eine Person unterordnet, welche Autorität versprüht.

Der Confirmation Bias

Der Confirmation Bias wird auch Bestätigungsfehler genannt und bezeichnet die Neigung Informationen so auszulegen und zu interpretieren, dass ein Individuum stets seine eigenen Erwartungen erfüllt.

Der Self-Serving-Bias

Der Self-Serving-Bias bezeichnet man als selbstwertdienliche Verzerrung. Das heißt, dass ein Individuum bei einem Erfolg, diesen inneren Ursachen, wie Fähigkeiten, Fertigkeiten, Talent, Ehrgeiz etc. zuschreibt und im Gegenzug, bei einem Misserfolg diesen äußeren Ursachen zuschreibt, wie zum Beispiel dem Zufall oder auch der Gesamtsituation.

Der Outcome Bias

Der Outcome Bias beschreibt die Ergebnisverzerrung eines Individuums. Das bedeutet, dass ein Individuum versucht, trotz bekannten Ergebnis, die bereits getroffene Entscheidung an Qualität zu bewerten.

Der Action-Bias

Der Action-Bias bezeichnet die Neigung dazu immer aktiv zu handeln, auch wenn man weiß, dass die Handlung möglicherweise nutzlos oder schädlich ist.

Der Liking Bias

Der Liking Bias beschreibt den Effekt, dass ein Individuum stets versucht vernünftig oder auch „richtig" zu handeln, weil es versucht stets gemocht zu werden.

Der Survivorship Bias

Als Survivorship Bias beschreibt man eine Verzerrung zugunsten der „Überlebenden". Das bedeutet, dass Erfolg eher Aufmerksamkeit auf sich zieht, als Misserfolge und die erfolgslosen Individuen nicht genauso berücksichtigt werden wie erfolgreiche.

Der Kontrast Effekt

Der Kontrasteffekt sorgt für eine intensivere Wahrnehmung einer Information durch eine Kontrastbetonung. Ein gängiges Beispiel ist dafür zum Beispiel ein reduziertes Kleidungsstück. Ein Kleid, welches von 80 Euro auf 40 Euro reduziert ist, wirkt günstiger und besser, als ein Kleid, welches schon immer 40 Euro gekostet hat.

Die hedonistische Tretmühle

Die hedonistische Tretmühle bezeichnet den Effekt, nach einem Schicksalsschlag (unabhängig davon ob der positiv oder negativ war) zu einem stabilen Lebensstandard schnell und glücklich zurück zu kehren.

Der Verfügbarkeitsfehler

Der Verfügbarkeitsfehler beschreibt das Phänomen, dass ein Individuum eigene Statistiken anfertigt aufgrund von Verfügbaren Informationen und Erinnerung.

Ein Beispiel dafür ist die Flugangst. Die meisten Menschen haben Angst beim Flug zu sterben, dabei ist es um das Vielfache wahrscheinlicher bei einem Autounfall zu sterben. Das liegt daran, dass in den Medien ein Flugzeugabsturz viel präsenter dargestellt wird und als grausamer.

Der Besitztums-Effekt

Der Besitztums Effekt ist ein Phänomen welches auftritt, wenn man ein Gut besitzt. Er bedeutet, dass man ein Gegenstand oder ein Gut als wertvoller und wichtiger einschätzt, wenn man es besitzt.

Das Auswahlparadox

Das Auswahlparadox entsteht durch verschiedene viele Auswahlmöglichkeiten. Durch die Masse an Angeboten die einem Individuum unterbreitet werde, fällt es einem Individuum schwer sich zu entscheiden. Die vielen Auswahlmöglichkeiten führen zu Überforderungen.

Der Sunk Cost Fallacy Effekt

Der Sunk Cost Fallacy Effekt beschreibt den Effekt, dass Individuen eher den Reiz darin sehen, eine Aufgabe weiterzuführen, wenn schon Geld, Zeit und Energie investiert wurde und man diese nicht wiedererlangt.

Der Priming-Effekt

Der Priming-Effekt bedeutet, dass der aller erste Reiz und die aller erste damit zusammenhängende Interpretation ausschlaggebend für die restliche Entscheidung eines Individuums ist.

Die Kontroll-Illusion

Die Kontrollillusion beschreibt, dass ein Mensch davon überzeugt ist, etwas kontrollieren zu können, was nachweisbar entweder nicht stimmt, oder gar nicht erst möglich ist.

Die Reziprozität

Die Reziprozität bedeutet Gegenseitigkeit und stellt grundlegend das Grundprinzip menschlichen Handels dar. Reziprozität sorgt für das ein Individuum das Verlangen hat, einen Menschen der unfair und ungerecht zu ihm war zu bestrafen.

Der Spielerfehlschluss

Der Spielerfehlschluss beschreibt das Phänomen, das ein Individuum glaubt, das Zufälle, Glücksereignisse aber auch Pechsträhnen wahrscheinlicher sind zu kommen, wenn diese lange nicht auftraten.

Der Knappheitsirrtum

Der Knappheitsirrtum beschreibt den Effekt, dass Menschen eine Vorliebe für Güter haben, welche es nur begrenzt gibt.

Der Westermarck Effekt

Der Westermarck Effekt bezeichnet das Phänomen, dass Menschen die mit einander aufgewachsen sind, unabhängig von der Verwandtschaft, sich im späteren Leben nicht sexuell anziehend und attraktiv finden.

Der Dunning-Krüger-Effekt

Der Dunning-Krüger Effekt bedeutet, dass ein Individuum die fehlerhafte Neigung aufzeigt, sein eigenes Wissen stets zu überschätzen und die Kompetenzen der anderen stets zu unterschätzen.

Der Placebo-Effekt

Der Placebo Effekt, gilt als einer der bekanntesten und weitverbreitetsten Effekte, den die Menschheit kennt und der nicht nachgewiesen werden kann wieso genau dieser funktioniert. Der Effekt beschreibt das Phänomen, dass Menschen sich auf Grund Ihrer eigenen Gedanken „heilen können“. Das bedeutet, dass man einem Menschen mit Halsschmerzen ein Bonbon verkaufen könnte ohne Medizin und der Mensch trotzdem, wenn er es regelmäßig zu sich nimmt keine Halsschmerzen mehr hat und das einfach nur, weil er *glaubt* es würde helfen.

Der Nocebo-Effekt

Der Nocebo-Effekt beschreibt dabei das Gegenstück zu Placebo-Effekt. Er beschreibt das Phänomen, dass Menschen durch Ihre bloße Einbildung krank werden können. Das heißt, man könne Menschen ein Bonbon geben und sagen „Wenn sie das zu sich nehmen, dann erkälten sie sich." Und es würde passieren, auch wenn das Bonbon keine Krankheitserreger mit sich trägt.

Der Bystander Effekt

Wenn der Bystander Effekt auftritt, bedeutet das, dass die Wahrscheinlichkeit, dass ein Mensch Hilfestellung bei einem Unfall leistet sinkt, umso mehr Menschen anwesend sind.

Der Barnum Effekt

Dieser Effekt beschreibt, dass ein Individuum allgemeingültige Aussagen so interpretiert, dass sie auf die eigene Person zutreffend sind. Ein beliebtes Beispiel wäre da zum Beispiel das Horoskop. Wenn bei dem Sternzeichen Widder steht, dass ein Widder stur ist, dann interpretiert man sich selbst das auch so und legt sich Erfahrungen und Situationen so zu recht, dass diese Eigenschaft zutrifft.

Der Superstar Effekt

Der Superstar-Effekt beschreibt das Phänomen, dass die eigene Leistungsfähigkeit auf Grund von der Anwesenheit, eines Profis oder Stars, sich verändert.

Der Hawthorne Effekt

Der Hawthorne Effekt beschreibt zu guter Letzt, dass Menschen bzw. ein Individuum sein Verhalten verändert, sofern es weiß, dass es unter Beobachtung steht und/oder an einer Studie dran teilnimmt.

Die umgekehrte Psychologie

Jeder hat den Begriff der umgekehrten Psychologie schon einmal gehört.

Umgekehrte Psychologie beschreibt, das Gegenteilige Handeln von dem was erwartet wird. Das bedeutet, dass Menschen denen man zum Beispiel sagt, man solle die heiße Herdplatte nicht anfassen, es trotzdem machen und sich die Finger verbrennen.

Das Auftreten der umgekehrten Psychologie ist ebenso auch in der Bibel bei der Entstehungsgeschichte. Es ist verboten gewesen, die Früchte des Baumes in Garten Eden zu essen, aber trotzdem war der Reiz da das verbotene zu tun.

Die Frage die sich dabei nur stellt ist, ob das simpler Trotz ist eines Menschen, da er sich durch Verbote in seiner Freiheit beraubt fühlt oder ob das einen tieferen Grund hat. Man nennt das Phänomen welches beim Verbot von Dingen auftritt im Fachbereich der Psychologie Reaktanz.

Reaktanz beschreibt eine Abwehrreaktion die zu widerstand führt aufgrund von vorgegebenen Verboten und Einschränkungen.

Ein Mensch kommt mit diesem unsichtbaren psychischen Druck, welcher die eigene Freiheit raubt oftmals nicht klar und ändert deswegen in Sekunden schnelle seine Motivation etwas zu tun, oder nicht zu tun, sowie die Einstellung.

Sagt man einer Erwachsenen Person zum Beispiel, dass er sich nicht selbstständig machen sollte, kann es sein, dass dieser auf einmal die Motivation erlangt, sich selbstständig zu machen, obwohl er es vorher gar nicht vor hatte.

Reaktanz beschreibt also den „Reiz des Verbotenen". Daher kann man zwar behaupten, dass Reaktanz dem Trotz zwar sehr ähnelt, aber nicht zwingend das gleich ist, da Reaktanz meist unbewusst auftritt, während eine reine Trotz-Reaktion kontrolliert werden kann.

Das Auftreten von Reaktanz bedeutet im Subtext, dass die Wichtigkeit von Handlungen und Informationen sich ändert, auch wenn man vorher von dieser „Wichtigkeit" nie Gebrauch von gemacht hat.

Die typische Reaktion ist also quasi „ Ist mir egal, was du sagst, jetzt mache ich es erst recht!", da der Mensch so zwanghaft probiert, sich seinen Freiheitsentzug wieder zu erlangen.

Eine andere Möglichkeit sich bei der Anwendung von umgekehrter Psychologie zu verhalten ist, dass man sich seine Freiheit durch Alternativen wiederholt.

Die Möglichkeit hat die Folge, dass man von den Verboten nicht betroffen ist und in seiner Handlungsfreiheit trotzdem nicht eingeschränkt ist.

Zudem wurde herausgefunden, dass Reaktanz mit Lethargie und Überkonformität, zu den wichtigsten Reaktionsmuster zählen im Bereich des äußeren Drucks oder der Einschränkung.

Trotzdem ist es unterschiedlich wie stark diese Reaktanz bei den Menschen ausgeprägt ist, beziehungsweise in welcher Form diese sich blicken lässt.

Das ist schließlich von unterschiedlichen Faktoren abhängig, wie zum Beispiel der Umfang, also wie groß ist der Freiheitsverlust, ein anderer Faktor ist, wie sehr ein Individuum seine eigene Freiheit für wichtig empfindet und viele weitere.

Laut der Reaktanz theoretisch möchte ein Individuum stets umgehen, dass ein Kontrollverlust geschieht, denn Menschen haben in der Regel mit Kontrollverlust negative

Erfahrungen gemacht, weshalb das Gehirn bei dem Hauch davon oftmals „Alarm“ schlägt und einem unterbewusst davor schützen möchte.

Umgekehrte Psychologie wird also angewendet, wenn man jemanden eben genau in diese Haltung bringen möchte.

Wenn man jemanden motivieren möchte, etwas zu erledigen, ist das Anwenden von umgekehrter Psychologie also sehr hilfreich. Ein Beispiel wäre dafür zum Beispiel folgendes:

Als Unternehmer schreiben Sie freiwillige Seminare an Ihre Mitarbeiter aus aber niemand trägt sich dazu ein, obwohl diese die Arbeit erleichtern werden.

Nun wird umgekehrte Psychologie angewendet:

Der Unternehmer, schreibt Seminare aus, die das Arbeitsleben vereinfachen mit dem Druck, dass das Angebot verschwinden wird, wenn sich niemand einschreibt, da ja niemand dieses Thema für wichtig empfindet. Dadurch wird die Reaktanz aktiviert und Mitarbeiter werden sich dafür einschreiben.

Effektive Manipulations- und NLP-Techniken

Zu der Psychologie des Menschen zählt auch die Macht von Manipulationstechniken, sowie NLP.

NLP ist dic Kurzfassung von Neurolinguistisches Programmieren und umfasst verschiedenste Techniken und Methoden, welche psychische Abläufe verändern können. Dabei basieren diese Methoden auf Kommunikation, Mimik und Gestik.

NLP wird ebenso auch als „Das Studium über die Struktur subjektiver Erfahrungen“ definiert. Die Intention ist dabei grundlegend, die verschiedensten Wirkfaktoren einer erfolgreichen Therapie herauszufinden, zu analysieren und zu optimieren.

Manipulieren durch angenehme Atmosphäre

Man kann die menschliche Psyche durch verschiedenste Einflüsse gezielt manipulieren.

Eine Art ist dabei, das Manipulieren durch angenehme Atmosphäre.

Diese Atmosphäre kann dabei viele Dinge beinhalten, die wissenschaftlich beweisen, dass Sie den Menschen beruhigen und entspannen. Beispielsweise zählen bestimmte Farben dazu. Zum Beispiel wirkt die Farbe gelb auf Menschen Ängste bekämpfend und Depression lindernd, die Farbe blau sehr vertraut, grün harmonisch und orange sehr stimmungsaufhellend.

Auch durch das Einsetzen von Regengeräuschen oder generellen Naturgeräuschen kann dabei eine stressfreie und angenehme Atmosphäre verschaffen.

Und da ein Mensch sich eher beeinflussen lässt, wenn seine Grundverfassung besser ist, kann man aktiv und bewusst einen Menschen mit einer angenehmen Atmosphäre zu mehr Bereitschaft manipulieren.

Manipulation mithilfe von starken Emotionen

Eine andere Art seinem Gegenüber zu manipulieren ist durch starke Emotionen möglich.

Ein klassisches Beispiel ist dabei die Verschiebung der Schuldfrage und das Verschieben der Verpflichtungen.

Wenn Person A zum Beispiel mit Person B zusammen ist, sich aber in Person C verliebt hat, dann steht Person A in einem inneren Konflikt, denn einerseits möchte Person A seinen Grundsatz der Treue nicht brechen und wegen einer neuen Person seine jetzige Partnerin nicht verlassen, da er sonst ein schlechtes Gewissen hat, aber möchte gleichzeitig trotzdem mit Person C intim werden.

Aus diesem Grund verhält sich Person A, seiner Partnerin so gegenüber, dass Sie die Beziehung beendet.

So kann er nämlich bei Streitgesprächen Person B die Schuld geben und sich selbst davon distanzieren und unverpflichtend fühlen, obwohl er sie manipuliert hat.

Ein weiteres Beispiel wäre zum Beispiel, dass Person X mehr Aufmerksamkeit von Person Y haben möchte. Aus diesem Grund, erzwingt sich Person X tränen, damit sich Person Y verpflichtet fühlt zu helfen.

Diese Manipulationstechnik schlägt sehr schnell an, da Emotionen grundlegend für Chaos sorgen können. Jeder Mensch probiert nämlich stets, durch verschiedenste Abwägungen, die Gefühle andere zu schonen oder auch für seine eigenen einzustehen.

Lügen

Dabei funktioniert Manipulation auch mit Lügen. Denn eine falsche Behauptung kann grundlegend dafür sorgen, dass die Person gegenüber, auf Grund der falschen Informationen in einer anderen Art und Weise über eine Situation denkt.

Diese Manipulation funktioniert natürlich sehr gut, wenn man beim Lügen nicht erwischt wird.

Sollte man beim Lügen jedoch erwischt werden, dann ist die daraus resultierende Situation meist schlimmer, als die Wahrheit.

Lügen bedeutet also Risiko.

Verschweigen

Das Verschweigen ist dabei ähnlich wie das Lügen, führt aber meist bei Entlarvungen nicht zu größeren Problemen.

Trotzdem hat das Verschweigen von Informationen natürlich einen manipulativen Einfluss.

Das Fehlen von Informationen sorgt nämlich dafür, dass der Gegenüber seine Entscheidungen ohne Einbezug aller Informationen und trifft.

Manipulation durch Belohnen

Eine weitere Manipulationstechnik wäre die Manipulation durch Belohnungen.

Dabei handelt es sich um direkte Ansprache, der Belohnung.

Beispiele dafür wären:
„Wenn du meine Lüge deckst, dann gehe ich mit dir einkaufen." oder auch:

„Wenn ihr leise im Unterricht seid, dann bekommt ihr keine Hausaufgaben."

Wissenschaftler und Mediziner konnten beweisen, dass ein Mensch impulsiv seine grundlegende Einstellung oder sein aktuelles Bedürfnis ändern kann.

Die Frage, ob die Einstellung sich ändern wird, ist dabei immer nur davon abhängig, ob sich der „Tausch" auch lohnt.

Menschen die einen aber durch Belohnungen manipulieren wollen, bieten in der Regel auch etwas im Gegenzug an, worauf man nicht verzichten möchte.

Manipulation mittels Kritik

Menschen können jedoch auch andere Menschen durch Kritik manipulieren.

Diese Kritik kann sich dann entweder positiv oder negativ auf einen Menschen auswirken.

Der Satz „Wenn du Klavier spielst, hört es sich nicht gut an." kann bei Menschen verschieden ankommen.

Entweder kann dieser Satz als Ansporn dienen, oder auch dafür sorgen, dass die Person seinen Spaß am Klavier spielen verliert.

Man muss also, wenn man jemanden durch Kritik manipulieren möchte, auf seine Wortwahl gutachten, sowie den Menschen gut einschätzen können.

Zahlen verändern

Auch durch das Verändern von Zahlen kann man effektiv manipulieren.

Das Fälschen beziehungsweise Verändern von Daten, Fakten, Statistiken und Zahlen, hat wohl einen der effektivsten Manipulationseffekt.

Die oben aufgeführten, rationalen Aspekte werden nämlich grundlegend und allumfassend von den Menschen als ein „richtiger“ Maßstab angesehen und somit eigentlich nie in Frage gestellt.

Unterthema unschlüssig. Ist damit gemeint, dass das Fälschen bzw. verändern von Zahlen und Statistiken, gut Menschen manipulieren können, da Fakten, Daten und Zahlen ein Maßstab für das „Richtige“ ist.

Foot in the door Technik

Die „Foot in the door“ Technik bedeutet übersetzt „Fuß in der Tür“ und beschreibt die Bereitschaft von Menschen, von denen man schon einen kleinen Gefallen erfragt hat, einen weiteren größeren Gefallen zu erledigen. Dass diese Technik funktioniert wurde durch ein Experiment mit Schildern herausgefunden.

Dieses lief wie folgt ab:

Zuerst wurden Menschen an der Haustür gefragt, ob sie ein sehr kleines Schild bei sich im Fenster aufstellen würden. Zwei Wochen später wurden sie gefragt, ob sie ein sehr großes Schild in ihrem Vorgarten aufstellen würden.

Dabei wurde schließlich herausgefunden, dass 55 % der Menschen die einwilligten, dass kleine Schild aufzustellen, dazu bereit waren das große Schild in den Garten zu stellen, während nur 17% der Menschen, die direkt gefragt wurden, dass große Schild aufzustellen, der Bitte nachgekommen sind.

Damit konnte man mehr oder weniger beweisen, dass man den Menschen damit manipulieren kann, den „Fuß schon einmal in der Tür zu haben“.

Rhetorische Mittel

Die Macht der Manipulation durch Rhetorische Mittel, ist überleitend zu NLP.

Rhetorische Mittel werden von beispielsweise Politikern verwendet um die Rede für sich selbst passend auszulegen oder auch von Werbebetreibern und Verkäufern.

Es gibt auch eine Bezeichnung dafür, die sich Analoges Markieren nennt, die genau diesen Einsatz von rhetorischen Mitteln und weiteren Stilmitten, beschreibt. Darunter zählt zum Beispiel das Einsetzen von einer bestimmten Stimmlage, oder auch das Setzen von Sprechpausen und Lautstärke. Auch die Betonung der Wörter, sowie die Sprechgeschwindigkeit können dabei Einfluss auf die Rede, oder auch auf den Slogan nehmen. Auch das bewusste Einsetzen von Mimik und Gestik verhilft dabei, den Menschen unterschwellig etwas mitteilen zu wollen bzw. die Menschen unterschwellig für etwas zu animieren.

Ein Beispiel was jeder kennt ist, dass Supermarktwerbungen oft laut und schnell gesprochen werden, während Dokumentationen oft in Zimmerlautstärke gedreht werden und auch in einem normalen Tempo gesprochen werden.
Dies liegt natürlich daran, dass verschiedene Ziel erreicht werden sollen.

Fakt dabei ist nur, dass der Zuhörer, Kunde etc. durch die Anwendung dieser rhetorischen Mittel keinen objektiven Blick mehr auf Fakten geboten bekommt und daher diese Technik definitiv zu einer effektiven Manipulations- bzw. NLP-Technik hinzu zählt.

Rapport (Neurolinguistisches Programmieren)

Weiterführend handelt es sich um die NLP-Techniken. Eine davon ist „Rapport".

Dabei beschreibt Rapport den Umgang auf der gleichen sprachlichen Ebene. Dies dient dazu, dass man seinen Gegenüber, durch das Annehmen des gleichen Niveaus nicht falsch kommt und dieser besser verstanden wird.

Es schafft Vertrauen und verhilft durch dieselbe Sprache dazu, dass der Gegenüber durch die Benutzung „seiner Sprache“ etwas versteht, was er vorher nicht verstanden hätte und man diese Person deshalb schneller bzw. besser überzeugen kann.

Spiegeln (Neurolinguistisches Programmieren)

Das sogenannte Spiegeln bezeichnet dabei fast dasselbe wie Rapport nur, dass es sich dabei nicht nur um verbale Anpassung handelt, sondern auch um nonverbale Anpassung. Das bedeutet, dass stets probiert wird, die Gestik und Mimik ebenso nachzuahmen.

Diese Nachahmung von Gestik und Mimik, im Zusammenspiel der Nachahmung der Sprache wirkt nämlich auf der Person gegenüber als sehr sympathisch, da diese sich identifizieren kann.

Leading (Neurolinguistisches Programmieren)

Das Leading gehört dabei auch zu NLP und beschreibt das (An) Führen von Gesprächen.

Dies gelingt einem durch Spiegeln und Rapport.

Reframing (Neurolinguistisches Programmieren)

Reframing bedeutet in diesem Zusammenhang so viel wie „einen Rahmen geben". Das heißt, dass neues Verhalten, neue Bedeutungen, neue Reaktionen sowie neue Glaubenssätze entwickelt werden kann.

Gewohnheiten ändern

„Gewohnheiten ändern“. Diese Aussage ist leichter gesagt als getan aber ein essenzieller Schritt für die Psyche eines Menschen.

Damit ein Mensch, welcher nicht besonders glücklich ist, auf Grund von Lebensumständen etc., wieder glücklich wird, muss er seine Gewohnheiten und seine damit verbundenen Einstellungen und Glaubenssätze ändern und umformulieren.

Wenn es zum Beispiel zur Gewohnheit geworden ist für ein Individuum jeden Morgen erst 20 Minuten vor Arbeitsbeginn aufzustehen, obwohl es sich jeden Morgen ärgert, weil es nicht frühstücken kann, dann sollte das Individuum genau das ändern.

Man könnte die Gewohnheit so ändern, dass morgens geduscht wird und danach das Frühstück folgt.

Denn auch wenn es zunächst doch eher hart erscheint dies auch umzusetzen, ist es nur eine Frage der *Gewohnheit.*

Zudem verhelfen neue Gewohnheiten dazu bei, auch neue Lebensabschnitte im Stillen zu celibrieren. Symbolisch verschafft man sich damit einen neuen Abschnitt und zeigt sich offen für neues. Aus diesem Grund sollte man auch seine gewohnten Glaubenssätze umstrukturieren.

Unter Glaubenssätze versteht man, Aussagen und Überzeugungen die in einem drinstecken ohne dass man selber genau weiß, woher diese Meinung kommt.

Ein Beispiel für so einen Glaubenssatz wäre: „Alle Chefs sind arrogant, deshalb möchte ich nie einer werden."

Eine positive Umstrukturierung wäre: „Chef sein ist bestimmt eine Herausforderung, ich würde gerne mal auf der Seite des Tisches stehen."

Auch so eine Umstrukturierung funktioniert natürlich nicht von heute auf morgen, ist aber reine Gewöhnungssache und sehr wichtig, wenn man auch aktiv etwas an seinem Verhalten ändern möchte.

Die Glaubenssätze eines Individuums umfassen also Dinge, Erwartungen, Prioritäten, Meinungen und vieles mehr von denen wir auf Grund von Erziehung, Erfahrung, Medien etc. denken, dass sie der Wahrheit

Entsprechen. Diese Sätze mit denen ein Individuum seine Meinungen und Ansichten vertritt haben etwas damit zu tun an welche Wahrheit man bewusst oder auch unterbewusst glaubt.

Nur weil beispielsweise Eltern gesagt haben „Über Geld spricht man nicht.“ bedeutet das nicht, dass es sich dabei um ein generelles Thema handelt, welches ein Tabu ist, man denkt es lediglich nur weil man es so gelernt hat.

Und das Gleiche gilt auch für Sätze die was mit einem Individuum persönlich zu tun haben, wie zum Beispiel die Aussage „Du kannst nicht Klavier spielen.“

Denn der negative Nebeneffekt von solchen Aussagen ist, dass man anfängt irgendwann, diesen Satz für sich selbst aufzunehmen und dann zu sich selbst „Ich kann das nicht.“ sagen.

Und genau da liegt auch der Schlüssel dieser Glaubenssätze. Man muss lernen, dieses umzustrukturieren und umzuformulieren.

Positive Gedanken müssen sich festigen, sowie die Bereitschaft seine eigene Meinung mal in Frage zu stellen und ggf. auch zu ändern

Dabei ist es natürlich alles andere als einfach die Glaubenssätze die man in sich trägt umzustrukturieren und die Gewohnheiten zu ändern, aber wenn es dazu beiträgt, dass sich die Psyche wohler fühlt, sind diese Hinterfragung und Änderungen es definitiv Wert.

Diese Umstrukturierung der Glaubenssätze und der Gewohnheiten haben dabei auch etwas mit dem Oberbegriff Neurolinguistisches Programmieren zutun.

Gewohnheiten und Glaubenssätze beeinflussen nämlich das Denken im Alltag und nehmen unterbewusst Einfluss auf Entscheidungen und auf das Verhalten. Und durch die aktive Änderung, kann man sein Gehirn so „umprogrammieren“, dass das Gehirn auf andere Arten und Weisen denkt.

Die Visualisierung als Hilfe zur Zielerreichung

Der Schlüssel seine Ziele im Bereich der Psychologie zu erreichen basiert auf den Begriff der Visualisierung, der beschreibt, dass man sich das Problem vor Augen halten muss und das entsprechende Ziel.

Es ist wichtig sich im Klaren zu sein, wo genau das Problem liegt, man sollte wissen was einem bedrückt, denn nur mit diesem Wissen kann man aktiv daran arbeiten. Sobald man sich aber das Problem visualisiert hat, kann man sich an die Visualisierung der Ziele machen.

Das heißt man sollte sich stets die Frage beantworten „Was will ich? Was brauche ich? Was würde mich aus tiefsten Herzen glücklich machen?“

Nachdem man sich das beantworten konnte, kann man an sich aktiv mit dem Weg auseinandersetzen, der einem zum Ziel bringt. Wichtig dabei ist, wie bereits erwähnt, die realistische Zwischenzielsetzung. Aber nicht nur so etwas muss man sich visualisieren. Wichtig in der Psychologie ist es, sich selbst zu kennen und sich selbst beim Lernprozess nicht im Wege zu stehen. Dabei ist besonders die innere Stärke eines Individuums wichtig und essenziell, sowie auch das soziale Umfeld.

Schluss

Abschließend ist zu behaupten, dass die Psychologie unzählige Oberthemen und Unterthemen, mit verschiedensten komplexen Verzweigungen enthält, die sehr schwierig sind zu verstehen.

Die Psyche eines Menschens ist aber unheimlich wichtig und sollte von jedem einzelnen gepflegt werden. Der Erhalt der inneren Stärke, der Erhalt von Selbstbewusstsein und der Umgang mit Frust sind dabei die wichtigsten zu beachtenden Punkte.

Zudem kann man abschließend behaupten, dass die verschiedenen Zweige der Psychologie zumindest eine Sache immer wollten: Das Erklären von menschlichen Verhalten in verschiedensten Zusammenhängen.

Haftungsausschluss

Der Inhalt dieses Taschenbuch wurde mit großer Sorgfalt geprüft und erstellt. Für die Vollständigkeit, Richtigkeit und Aktualität der Inhalt kann jedoch keine Garantie oder Gewähre übernommen werden. Der Inhalt repräsentieren die persönliche Erfahrung und Meinung des Autors und dient nur dem Unterhaltungszweck. Der Inhalt sollte nicht mit medizinischer Hilfe verwechselt werden.

Es wird keine juristische Verantwortung oder Haftung für Schäden übernommen, die durch kontraproduktive Ausübung oder durch Fehler des Lesers entstehen. Es kann auch keine Garantie für Erfolge übernommen werden. Der Autor übernimmt daher keine Verantwortung für das Nicht-Erreichen der im Buch beschriebenen Ziele.

Bei dem E-Book Format können Links enthalten zu anderen Webseiten. Auf den Inhalt dieser Webseiten haben wir keinen Einfluss. Deshalb kann auf diesen Inhalt auch kein Gewähr übernommen werden. Die verlinkten Seiten wurden zum Zeitpunkt der Verlinkung auf mögliche Rechtsverstöße geprüft.

Für die Inhalte der verlinkten Seiten ist aber der jeweilige Anbieter oder Betreiber der Seiten verantwortlich. Rechtswidrige Inhalte konnten zum Zeitpunkt der Verlinkung nicht festgestellt werden.

Alle Rechte vorbehalten. Nachdruck, auch auszugsweise, verboten. Kein Teil dieses Werkes darf ohne schriftliche Genehmigung des Autors in irgendeiner Form reproduziert, vervielfältigt oder verbreitet werden. Kontakt: Alexej Piter – Am Alten Teich 21 - 32108 Bad Salzuflen. Umsatz Identifikationsnummer gemäß § 27 a Umsatzsteuergesetz DE295927375

Autor: Andre Klein

Bild Quelle
pixabay.com/de/vectors/schädel-kopf-menschliche-männlich-3199419
pixabay.com/de/vectors/bibel-buch-hände-andere-lesung-2026336
pixabay.com/de/vectors/flach-design-symbol-icon-www-2126885
pixabay.com/de/vectors/a-ich-ai-anatomie-2729794
pixabay.com/de/illustrations/ohr-ohrmuschel-hören-zuhören2973126
pixabay.com/de/illustrations/meditation-positiv-positives-denken-1087847
pixabay.com/de/vectors/eis-gefroren-block-eisberg-winter-576674

Printed in Germany
by Amazon Distribution
GmbH, Leipzig

16731244R00066